旧民主党政権の「陰の総理」

仙谷《せんごく》由人《よしと》の霊言

大川隆法
Ryuho Okawa

まえがき

旧民主党政権の「陰の総理」とまで呼ばれた仙谷由人《せんごくよしと》氏の死後九日目の霊言である。霊言を幸福の科学内で上映しても、通常の半分の人も来なくて、正直言って人気はなかった。出版が遅れた理由でもある。

鳩山《はとやま》首相、菅《かん》首相、野田《のだ》首相と旧民主党の三代の首相が続いて、国民は完全に民主党から心が離れていった。旧民主党は「コンクリートから人へ」の標語でも知られるように、「ヤサシイ・サヨク」でもあったろう。国会議員ら約五百名を連れて北京詣《ペキンもう》でもした。昭和憲法を守って、「抽象的平和《ちゅうしょうてき》」を維持したい人たちの集まりでもあったろう。

だが日本では、アメリカの共和党にあたる政党は、「幸福実現党」一つしかなく、アメリカの民主党にあたるのが「自民党」である。日本のその他の野党は、アメリカでは事実上存在しないのと同じである。

幸福実現党の言っている、「小さな政府」「減税路線」「中国・北朝鮮などの覇権《はけん》抑止《よくし》」「国防重視」「人権抑圧《よくあつ》反対」「3％以上の経済成長」「ジョブ・クリエイション」「世界のリーダー国としての正義の樹立《じゅりつ》」「神への信仰心」などは、すべて、アメリカの良質の保守政党の特徴である。対比してみると、安倍自民政権でも、社会福祉で抱《だ》き込んでいく点など、アメリカの民主党に近い。自民党は公明党と連立しているため、憲法改正も、中国の覇権への対抗もできないでいる。残念である。生前の仙谷氏は、自衛隊を「暴力装置《ぼうりょくそうち》」とも言われた。私が東大法学部の憲法の講義で聴いたのと同じ言葉である。時代の変化を鋭く読み取ることも政治家にとっては、大切なことだろう。

本書出版を機に、仙谷氏が成仏《じょうぶつ》し（帰天《きてん》し）、新しい保守勢力としての幸福実現党が躍進することを祈っている。

二〇一九年（令和元年）　五月二十八日

幸福《こうふく》の科学《かがく》グループ創始者兼総裁《そうししゃけんそうさい》　大川隆法《おおかわりゅうほう》

旧民主党政権の「陰の総理」仙谷由人の霊言　目次

旧民主党政権の「陰《かげ》の総理」仙谷由人《せんごくよしと》の霊言《れいげん》

二〇一八年十月二十日　収録
幸福の科学 特別説法堂《せっぽうどう》にて

5

「霊言現象《れいげんげんしょう》」とは、あの世の霊存在の言葉を語り下ろす現象のことをいう。これは高度な悟《さと》りを開いた者に特有のものであり、「霊媒現象《れいばいげんしょう》」（トランス状態になって意識を失い、霊が一方的にしゃべる現象）とは異なる。

なお、「霊言」は、あくまでも霊人《れいじん》の意見であり、幸福の科学グループとしての見解と矛盾《むじゅん》する内容を含《ふく》む場合がある点、付記しておきたい。

旧民主党政権の「陰《かげ》の総理」仙谷由人《せんごくよしと》の霊言《れいげん》

二〇一八年十月二十日　収録
幸福の科学 特別説法堂《せっぽうどう》にて

仙谷由人《せんごくよしと》（一九四六～二〇一八）

政治家。民主党の衆議院議員（徳島1区選出）。徳島県に生まれ、徳島県立城南《じょうなん》高校卒業後、東京大学に入学、法学部に進んで弁護士となった。日本社会党から衆院選に立候補して初当選。その後、民主党に参加する。鳩山由紀夫《はとやまゆきお》内閣で国家戦略担当大臣等を歴任し、菅直人《かんなおと》内閣では内閣官房長官《かんぼうちょうかん》を務《つと》めた。二〇一八年十月十一日死去。

質問者

綾織次郎《あやおりじろう》（幸福の科学常務理事 兼《けん》 総合誌編集局長 兼「ザ・リバティ」編集長
兼 ＨＳＵ〔ハッピー・サイエンス・ユニバーシティ〕講師）

釈量子《しゃくりょうこ》（幸福実現党党首）

七海《ななみ》ひろこ（幸福実現党広報本部長）

［質問順。役職は収録時点のもの］

1　死後九日、元官房長官《かんぼうちょうかん》・仙谷由人《せんごくよしと》氏の思いを訊《き》く

死後、毎日のように霊言《れいげん》収録を要望していた仙谷氏の霊

大川隆法　旧民主党の元代議士で官房長官《かんぼうちょうかん》をなされていた仙谷由人《せんごくよしと》氏が、十月十一日に七十二歳《さい》で亡《な》くなられたとのことです。今日（二〇一八年十月二十日）は死後九日になるかと思います。

実は三、四日前から仙谷氏の霊《れい》が毎日のようにこちらへ来ているのですが、当初、新聞に死亡記事が出ているのを見たときには、「今までの政治的な感覚から見て、まあ、来ないだろう」と思ってはいたのです。ところが、やはり、来始めました。

この間《かん》、先にほかのものの収録をしているうちに来なくなるかと思ったのですが、

それでもまだ粘《ねば》っていて、「今日、出なければ明日《あした》来る」とか「明後日《あさって》も来る」とか言ってきているのです。こんな感じで〝御百度《おひゃくど》〟を踏《ふ》まれると、こちらもたまらないので、「早く（霊言収録《れいげん》を）終えたほうがよいのではないか」といえば、まあ、そんな感じもしないではありません。

お亡くなりになって、生前とは多少違《ちが》う面もあろうかとは思いますし、死んだあと、何かすがりたいところもあって来ている面もあるのかなという気もするので、宗教家としては、そのあたりの仕事がないわけではないでしょう。

また、政治的な面についても言いたいことがあるのだろうとは思っています。

仙谷氏の生前には、二〇一〇年に『国家社会主義とは何か』（幸福の科学出版刊）という霊言本を出しています。このときは、ヒトラー、菅直人《かんなおと》、胡錦濤《こきんとう》、仙谷由人（ヒトラー以外は守護霊《しゅごれい》霊言）と、〝偉《えら》い人〟ばかりが並んでいました。なかなか立派な、錚々《そうそう》たる方々

『国家社会主義とは何か』
（幸福の科学出版刊）

であるので、名誉《めいよ》なことだったかとは思いますが、内容については、若干《じゃっかん》、愚痴《ぐち》が多かったように見えます。

今回は、亡くなってからあと、幸福実現党や幸福の科学についてどう思っているのか、あるいは、他の政党についてどう思っているのかということですが、意外に、いったんこの世を離《はな》れれば、「違った目での意見」や「批判」、「アイデア」といったものも拾えるかもしれないという気持ちもあるので、意見があるのであればお訊《き》きしてもよいかなと思っています。

大川総裁と同郷《どうきょう》で高校・大学の先輩《せんぱい》でもあった仙谷氏

大川隆法　ちなみに、仙谷氏は私よりも十歳ほど年上ですが、実は、同じ徳島県生まれで、同じく母校の県立城南《じょうなん》高校から東大法学部に進んだ先輩《せんぱい》なのです。いちおう、先輩・後輩の関係になるため、やりにくい関係ではありました。政治的には、こちらとはあまりいい感じにはなっていませんでしたが、そのあたりについては何か本人からの言い訳があるかもしれません。

なお、あらかじめお断りしておきたいことがあります。

本人の霊が出てくる以上、本人にとってはあまり議論をする余地がなかろうとは思いますが、遺族、あるいは取り巻きにおられた方々のなかには、「仙谷は左翼《さよく》系弁護士であって、あの世や霊といったものは信じていなかったから、霊言など、するはずがない」と言う方も出てくるかもしれません。

ただ、ご本人が「出たい」と言っているのだから、それはないでしょうということが一つです。それに、私のほうとしても、仙谷氏で宣伝したいという気持ちはまったくないですし、利益が得られるとも思っていません。どちらかといえば、お引き取り願えればありがたいなと思っているぐらいなのです。

過去には、霊言収録まで行かずに〝逃《に》げ切った〟ケースも幾《いく》つかあって、何とか帰ってくれたこともあるのですが、生前に面識がなくても、念《おも》いが強い場合には粘られることもあります。

私は、仙谷氏とは面識がないわけではなく、直接会ったこともあるので、何か一《ひと》言《こと》言いたいのかなと思います。

仙谷氏の霊《れい》が、顔見知りの人々に言いたいこと

大川隆法　いずれにせよ、老獪《ろうかい》な方であるので、言《げん》を左右にして、なかなか本音まではいけないかもしれません。死後九日でそこまで行くかどうかはちょっと分からないのですが、今のところはまだ、あの世での行き先がすっきりと決まっているというほどのものではなかろうと思います。

まあ、どちらからでも構いません。ご本人としては、何らかのかたちでの「引導《いんどう》を渡《わた》してほしい」のだろうし、さらには、「申し送り事項《じこう》」として、日本の政治に携《たずさ》わる人に顔見知りの方もそうとう多いでしょうし、この国を憂《うれ》える気持ちがあるならば、言いたいこともあるかもしれません。このあたりを出せたらと思います。

今朝《けさ》、私は、『習近平守護霊《しゅうきんぺいしゅごれい》　ウイグル弾圧《だんあつ》を語る』（幸福の科学出版刊）を校正

したところですが、公開霊言シリーズとしては同書で五百冊目になるそうです。そういうこともあり、ご本人は習近平守護霊のあとに出るのを少し恐縮《きょうしゅく》していて、ちょっと嫌《いや》な感じというか、「出にくいなあ」ということを言っていました。

それはそうだろうとは思います。かつて民主党議員を中心に、中国への〝朝貢《ちょうこう》外交〟で何百人も訪問していたぐらいですから、やりにくいことでしょう。

ただ、順序を逆にしていたら、仙谷氏が五百冊目の霊言集になった可能性もあるので、それはどうだったかなという感じがしないわけでもありません。

そのあたりを前置きにして始めたいと思います。「政治的な面」と「宗教的な面」の両方からのアプローチが要《い》るかもしれません。成仏《じょうぶつ》はしていないと考えられますので、そういう立場でありながら、何を言いたいのか、また、宗教的に、あるいは政治的に引導を渡すべき言葉があれば、そういう言葉も探し出さなければいけないかなと思っています。

それでは呼びますね。

綾織　よろしくお願いします。

大川隆法　旧民主党の元衆議院議員にして、官房長官を務《つと》められた仙谷由人氏ご本人の、死後九日の霊をお呼びしたいと思います。よろしくお願いいたします。

（約十秒間の沈黙《ちんもく》）

2　死後九日間で見聞きした内容

「死んで挨拶《あいさつ》回りをした」ときの「人々の反応」は

仙谷由人　ああ。具合の悪い感じになったなあ。

綾織　こんにちは。

仙谷由人　ちょっと具合が悪かったなあ。

綾織　具合が悪いんでしょうか。

定例の記者会見に臨む仙谷由人官房長官（2010年9月24日）。

仙谷由人　何かねえ、〝閻魔《えんま》様の法廷《ほうてい》〟みたいな感じも若干《じゃっかん》するけど……。

綾織　ああ。

仙谷由人　まあ、自分から望んだのは事実だから。

綾織　そうですね。

仙谷由人　だけど、ほかに言うところはないしね。確かに、そのとおりだ。みんなが（ここに）出るだけのことはある。ほかに言うところ、出るところはないもんな。死んで、あちこち回ったけどね。

綾織　あっ、そうですか。

仙谷由人　挨拶《あいさつ》回りをしたけど、だーれも聞いてくれないんで。

綾織　なるほど。

仙谷由人　（私の）声が聞こえない。身内も、坊《ぼう》さんも。

綾織　そうですね。

仙谷由人　ねえ？　その他の方々も、誰《だれ》も分からないみたいだから。
新宗連（新日本宗教団体連合会）系もだいぶ集めて、やっていたんだがな。でも、どこにも出られないんだ。

綾織　なるほど。

仙谷由人　わしの声を、意見を伝えてくれるようなところは、どっこにもないんでさ。

　だから、「嫌《いや》がられるかなあ」とは思うたけど（ここに来た）。

　「大川総裁との一縷《いちる》の縁《えん》を辿《たど》って、来させていただいた」

仙谷由人　落選し、引退してからあとだけど、徳島から東京の羽田《はねだ》に帰ってくるとき、一度、大川さんやその家族、秘書と飛行機で一緒《いっしょ》になって……。

綾織　ああ、そうですか。

仙谷由人　そのあと、飛行機から空港ビルまでのバスでも一緒になった。そのとき、いちおう先輩《せんぱい》・後輩の仁義を切ってくださったので。「大川隆法総裁も、そんなに悪い人じゃないのかな」と思ったこともある。引退してからだけどね。（大川さんは私を）いちおう厳しく批判していたからさ、「『この悪魔め！』みたいな感じで怒《おこ》られるかな」と思うとったけど。

綾織　いえいえ。

仙谷由人　あのとき、幸福の科学のほうは大勢の人数でいてね、数名はいたと思う。七、八名ぐらいいたなあ。わしは一人でポツンとバスに乗っとったんやな。（大川さんはバスの）左側に乗っとったからなあ、「そちらが先に降りたほうがいい」と思い、わしは右側にポツンと座《すわ》っていたけど、大川隆法さんは、私の側《そば》まで来てな、「先生、お先にどうぞ」と私に言ったので、こちらは、「いやいや、（選挙に）落ちとるから先生でも何でもないので、そちらこそ、お先にどうぞ」と言い、お願いして降りてもらったんです。

ほんとはなあ、落選の身だから、「先生」と言われるのは恥《は》ずかしいしさあ、「落選の身なのに、VIP《ヴィアイピー》扱《あつか》いをまだ使っていた」っていうのも、ちょっと恥ずかしいことではあった。

ＪＡＬだったかＡＮＡだったか忘れたけれども、仙谷由人と大川隆法を同じバスに乗せるとは、えらく気の利《き》いた航空会社があったもんだ。こっちは一人だけど、向こうには家族と秘書がいて、人数が多かった。九人ぐらいかもしれない。

だから、たまらんね。そんなところと一緒にされて、ほんと小さくなって座っておったんだけどな。「見つからないように」と思って、（身をすくめる仕草《しぐさ》をして）こうやっていたのに、見つかってしもうた、やっぱりな。

でも、（大川さんは）礼儀《れいぎ》正しく言われたので、「ああ、さすが違《ちが》うんだな」と感じた。「政治的な意見は違っても、人間としてはタイプが違う方なのかな」ということで……。

そういう一縷《いちる》の縁《えん》があったことはあったんでね。言葉を交《か》わしたことがありますので、その縁を辿《たど》って、今日、来させていただいたわけです。

菅《かん》政権時、大川総裁が出した「国難パート2《ツー》」予言の的中を認める

綾織　高校と大学が大川総裁と同じでしたし、出身県も同じなので、「非常に深い縁がある方ではあるかな」と思います。政治的な立場は違うわけですけれども、今日は、先輩として、さまざまにアドバイスを頂きたいと思っております。

仙谷由人　あまり言える立場ではないんだけどね。民主党政権がもっとうまくいっとりゃ、もっと立派なことを申し送れるんだが、どう見ても、「成功した」と思っている人は誰もいないみたいだからね。そういう意味では、ちょっと残念だ。

（『国家社会主義とは何か』〔前掲《ぜんけい》〕を手に取り）嫌だったけど、この本を出され、「民主党の菅直人《かんなおと》政権による国難パート2《ツー》が始まろうとしている」みたいなことを

言われたけど、それがあまりにも当たりすぎていたため、ほんとに嫌な本だったね。鳩山《はとやま》（由紀夫《ゆきお》）は期待されたけど駄目《だめ》だったので、「菅直人なら」ということで、私が（内閣の）重鎮《じゅうちん》になって、やっとったのに、「国難パート2が始まろうとしている」って言われて、あまりにも予言が当たりすぎていて嫌になるぐらいだった。

綾織　民主党政権のところに関しては、もう少しあとでお伺《うかが》いしたいんですけれども……。

仙谷由人　ああ、そうか。

鼓膜《こまく》はないのに、この世の人の言っていることが聞こえる

綾織　「この九日間に、いろいろなところに挨拶回りをしたけれども、何の反応もなかった」ということですが……。

仙谷由人　「挨拶回り」っちゅうほどのもんではないが、この世の人っていうのは……。ほんとに、どういうことやね。こっちには向こうが見えているのに、なんで向こうには見えないんだろうね。ほんとにね。

それに、あっちが言っていることは、なんでこっちに聞こえて、こっちが言うことは、なんであっちには聞こえないんだ。こっちは死んで焼かれたんだからさあ、鼓膜《こまく》はないよな？

綾織　はい。

仙谷由人　鼓膜はないから、音が聞こえるはずはない。なのに、向こうが言っていることは聞こえるんだよ。この世の人の言っていることが……。

綾織　なるほど。

仙谷由人　だけど、こっちが言うことは向こうには聞こえないね、鼓膜があるのに。これは、どうしてなんだろう？　ほんと不思議だね。

綾織　「非常に手厚く面倒《めんどう》を見てくださった」ということで、仙谷さんに対し、尊敬の思いと感謝の思いを述べている方が、現役《げんえき》の政治家にもたくさんいました。そういう思いは言葉として伝わってくるけれども、こちらからはメッセージがまったく届かないわけですね？

仙谷由人　君らが言っていることを、そんなに本気で読んではいなかったし、聞いてもいなかったけど、宗教については、まったく知らないわけじゃない。
私は民主党で宗教担当もやっていたから、いろんな宗教に挨拶回りをしたこともあるし、地元には真言宗《しんごんしゅう》もあるから、この年でまったく（宗教を）知らないっちゅうことはないけどさあ、ほとんど〝儀式〟のレベルで終わっとるから、本当のことは、よくは分からないんだよね。

私らは安保《あんぽ》世代だからさ、（宗教に対して）特に否定的な傾向《けいこう》が強かったかな。

「霊《れい》として出られるのは大川総裁のところしかない」

綾織　ご生前は、たぶん、唯物論《ゆいぶつろん》に近い考え方だったと思うのですが、お亡《な》くなりになってからは、「自分は霊《れい》として存在している」ということを分かっていらっしゃるわけですね？

仙谷由人　それはそうだろうよ（苦笑）。

綾織　亡くなったことも分かっていらっしゃるわけですし……。

仙谷由人　死んだのは分かっている。死んだのに、しゃべっているから、それはそうだろうよ。

綾織　ご自身としては、「自分はもう霊である」と。

仙谷由人　うんうん。まあ、そうだろうよ。

綾織　「もう、あの世にいる」と。

仙谷由人　「出られるところは、ここしかない」ということも分かったよ。本当に、出るところがない。

綾織　ええ、ええ。
仙谷由人　本当にないんだ。恐山《おそれざん》のイタコや沖縄《おきなわ》のユタのところには出れないよ。そんなの無理だよ。
綾織　そうですね。
仙谷由人　（そこに）行ったって出られないんだからさあ、しょうがないな。みんなが（ここに）出るだけのことはあるわ。（みんながここに）来るんだなあ。

日本国憲法は「あの世」について何も触《ふ》れていない

綾織　その意味では、もう、ご自身のなかにある「唯物論」は敗れた状態と理解してよろしいですか。

仙谷由人　まあ、敗れたというか、私は宗教学者じゃないから、「これを何と評価するべきか」は知らない。あくまでも個人的なものだから、学問的、科学的な説明は私にはできないけれども……。

生前、（大川さんが）霊言《れいげん》とか守護霊《しゅごれい》霊言とかを出しているのを見て、「けっこう、際《きわ》どい、うさんくさいことをやっているなあ」と思い、そういう目で見てはいたんだけどな。「東大の法学部を出て、こんな商売をせんでもよかろうに」と……。

綾織　商売ではないんですけどね。

仙谷由人　いやいやいや、そう思っていたところもあるんだけどね。「もっと正攻《せいこう》法《ほう》で、ちゃんと世の中で身を立てる方法もあろうに」という気持ちもあったんだけど、法律の勉強と仕事だけだと、若干《じゃっかん》、唯物的になる面がないとは言えないね。この世的なところは多かったわな。

（法律は）「あの世」のことについて何も触《ふ》れないからね。（日本国憲法には）ただの一条もないもんなあ。「信教の自由の保障」程度しかないんだろう？

綾織　はい。

仙谷由人　内容については何もないからさ。

綾織　そうですね。

仙谷由人　要するに、「神を信じる」という感じのものがないからね。「神は人間を平等に創られた」というようなことが、アメリカ憲法にはあるけど、日本の憲法には書いていないからね。まさか「天皇が創られた」とは書けやしない。だから、そういうものがない。「天皇を象徴《しょうちょう》にする」っていうことだけで、「それは宗教的にどういうことなのか」っていうことの意味は不明だからさ。
まあ、弁護士として言わせていただければね。

同郷《どうきょう》の後藤田正晴《ごとうだまさはる》氏の霊《れい》が挨拶《あいさつ》に来た

綾織　この九日間で、お会いになった方はいらっしゃいますか。

仙谷由人　それは人として？

綾織　霊《れい》として。

仙谷由人　ああ、霊か。

綾織　霊のほうですね。「誰かが迎《むか》えに来た」とか、「誰かが話しかけてきた」とか、「会話をした」とか、「何かのビジョンを見た」とか……。

仙谷由人　●後藤田正晴《ごとうだまさはる》さんが、一回、挨拶《あいさつ》に来てくれたかもしれないな。

綾織　あっ、そうですか。同郷《どうきょう》ということで……。

仙谷由人　まあ、同郷ということでな。

綾織　「大先輩がいらっしゃった」と……。

仙谷由人　大臣、官房長官《かんぼうちょうかん》になった先輩・後輩ではあるので、一回は来てくれたけど、あとは冷たい。彼は、

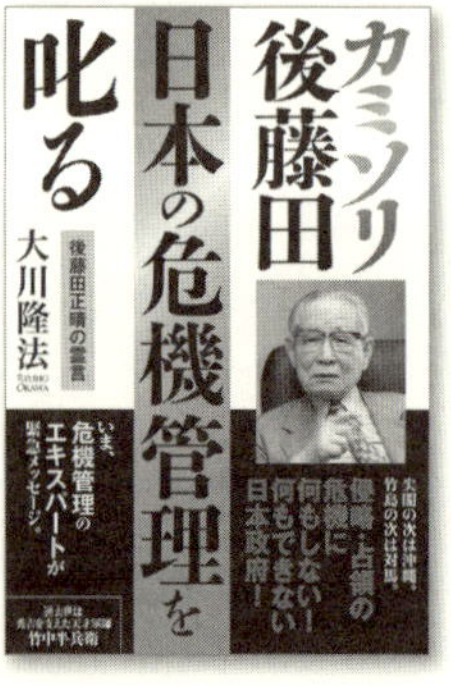

●後藤田正晴（1914～2005）　日本の政治家。徳島県麻植《おえ》郡（現在の吉野川《よしのがわ》市）生まれ。東京帝国大学法学部卒業後、内務省入省。警察庁長官、内閣官房副長官（田中内閣）、内閣官房長官（中曽根《なかそね》内閣）、副総理（宮澤《みやざわ》内閣）などを歴任し、「カミソリ後藤田」との異名を取る。『カミソリ後藤田、日本の危機管理を叱る』（幸福実現党刊）参照。

それほど世話焼きタイプじゃないので、「ヨッ！」っていうような感じで来て、それで終わり。

綾織　特段、会話を交わされた感じではないんですか。

仙谷由人　ああ。「ヨッ、死んだか」みたいな感じで。

綾織　そうですか（笑）。

仙谷由人　それで終わりでしたかね。

綾織　なるほど。

仙谷由人　ええ、ええ。土井《どい》たか子氏など、旧社会党の先輩《せんぱい》たちとは連絡《れんらく》が取れない

綾織　旧社会党などですと、土井《どい》たか子さんとか、有名な方がいろいろといらっしゃいますけれども、そういう方が来ているわけではない？

仙谷由人　いや、みんな、居場所が分からない人たちばかりで。

綾織　なるほど。

仙谷由人　みんなねえ、居場所が分からないのよ。

綾織　分からない？

仙谷由人　うんうん。だから、あの世での連絡網《れんらくもう》はね、電話でもネットでもないんだよ。

綾織　はいはい。

仙谷由人　居場所が分からないんだよ。

綾織　なるほど。

仙谷由人　どこに行ったんだか、さっぱり分からない。

綾織　旧社会党の先輩《せんぱい》がたとは連絡が取れない？

仙谷由人　「どこにいる」とかが分からない。自分自身がね、まだちょっと、「何をどうしたらいいか」が分からないぐらいだから、「ほかの人も、たぶん、そうなのかな」とは思うけど。

後藤田さんが、一回、挨拶に来て、「ヨッ！」と言った以外には、政治家のほうは、あまり……。もしかしたら、あるのかもしれないが、そんなにはっきりと、「生前、付き合っていた方で、亡くなった方が来てくれた」っていう感じはないかなあ。

綾織　なるほど。状況《じょうきょう》は、だいたい分かりました。

死後の世界に対する抵抗《ていこう》感があったが、五、六日たったころ……

釈　本日は、よろしくお願いいたします。

仙谷由人　ああ。お世話になっています。

釈　幸福実現党の釈量子《しゃくりょうこ》と申します。

仙谷由人　ああ、ああ。

釈　お亡くなりになったあと、ご親族でお会いになった方もいらっしゃらない状況ですか。

仙谷由人　いや、それは……。生きている人は……。ああ、そうか。先祖とか？

釈　ええ。ご先祖様とかがお迎えに来られたり……。

仙谷由人　ああ、そういうことか。

釈　亡くなるときには、先に成仏《じょうぶつ》された方がお導きに来られることが多いんですけれども、そういう方をお見かけにはなりませんでしたか。

仙谷由人　うーん。特に誰も来ない感じがする。

釈　ご先祖様で、信心《しんじん》深い方とか、そういう方は……。

仙谷由人　いるのかもしらんけど、特に来てはいないような気がするな。ちょっと葛藤《かっとう》があったからかなあ。死後の世界に対する抵抗《ていこう》感がずいぶんあって、五、六日ぐらい抵抗していたけど……。

綾織　ああ、なるほど。

仙谷由人　「受け入れざるをえないかな。やっぱり、死んであの世はあったのかな」っていう感じになった。

そのあと、なぜか知らんが、大川隆法さんのことが思い浮《う》かんで、「あそこへ行かないと、分からないんじゃないかな」っていう感じで。

霊《れい》になってからは、この世の人の「本心」が聞こえてくる

釈　大川隆法総裁先生は、霊言集《れいげんしゅう》をたくさん出されています。

仙谷由人　それは知っていたよ。

釈　ご自身もまた、その一冊になられると思われるのですけれども。

仙谷由人　まあ、言いたいことはあるね。死んだら、言いたいもんだねえ。

綾織　そういうものですか。

仙谷由人　うん。そんなもんだよ。大勢の人が来て葬儀《そうぎ》をやってくれてもさ、挨拶ぐらいしたいもんだな、ほんとは。

綾織　ああ、なるほど。

仙谷由人　政治家としてはな。だから、「(挨拶)できない」っていうのは実に不自由なもんだな。「死人に口なし」っていうのは、本当なんだね。「誰にも挨拶できない」っていうのは悲しいね。

何て言うのかなあ、あとから「本心」みたいなものが聞こえてくるような感じがねえ。「生前に聞いたこととは、ちょっと違うようなもの」が少し聞こえてくるという……。

釈　本心みたいなものが聞こえてくるんですか。

仙谷由人　いやあ、（こちらが）死んだら、ペロッと舌を出して何かを言っている感じとか、そういうものはあるね。

綾織　それは、「表面意識で考えていたこととは、また違うものがある」ということですね。

仙谷由人　まあ、お互《たが》い様ではあるんだがね。そりゃあ、政治の世界は〝狸《たぬき》〟や〝狐《きつね》〟の世界だから、本心を隠《かく》して付き合っているところはあるんだけど、死んでからあとは、何か「人の本心」が聞こえるんだよなあ。

綾織　なるほど。

仙谷由人　「あっ、こいつ、こんなことを考えていたのか」と思うけど、言い返しても、（向こうには）聞こえない。それは、ちょっと悲しいなあ。

「この先、自分はどうされるのか」は見当がつかない

釈　ある意味で、非常に興味深いお話でございます。
仙谷先生は一九六九……。

仙谷由人　あっ、「先生」って言ってくれた。

釈　ええ（笑）。

仙谷由人　ありがとう。やっぱり党首だねえ。

釈　いえいえ、とんでもございません。

仙谷由人　偉《えら》いねえ。

釈　一九六九年の「●東大安田《やすだ》講堂事件」のときには全共闘《ぜんきょうとう》世代であり、当時はお弁当の差し入れ係だったそうですけれども……。

●**東大安田講堂事件**　1969年1月、東京大学の安田講堂を全共闘《ぜんきょうとう》等の学生たちが占拠《せんきょ》したため、それを警視庁の機動隊が鎮圧した事件。

仙谷由人　そんな立派でもないことを、よく言ってくださいますねえ。

釈　お若いころから、いわゆる左翼《さよく》運動に青春を投じてこられたわけなのですが、同世代のみなさまで、同じようなお考えでいらっしゃる方も、これから、たくさんお亡くなりになると思うんですね。

仙谷由人　そうだね（笑）。

釈　そういう方々へのお導きにもなるかと思いますので……。

仙谷由人　ああ、なるほど。そういう意味では役に立つね。

釈　「あの世を全然信じていなかったけれども、死後、五日や六日の間で考えが変わってきた」というところを、非常に興味深く聞かせていただきました。

あの世に還《かえ》るためのガイダンスが、生前にはなかったかと思うのですが……。

仙谷由人　うん。ないね。

釈　「この先、自分はどうされるのか」ということについては、「全然、見当がつかない」という……。

仙谷由人　全然、見当がつかない。だから、ルートがないんだよ。ルートがない。法律には書いていないしさ、裁判にもない。

あっ、「閻魔《えんま》様の裁判」って、ほんとにあるのかなあ。

綾織　可能性はありますね。はい。

仙谷由人　いやあ、それは弁護士としては嫌だなあ。自分を弁護しなきゃいけない。

3 旧民主党の「親中政策」についての総括《そうかつ》

「どうして、徳島に生まれたのか」は、まだ分からない

釈　〝お白洲《しらす》〟に上がる前に、「あの世がある」ということをお認めになった観点から、少し生前のいろいろなものを振《ふ》り返っていただくのも、一つの成仏《じょうぶつ》のお助けにはなると思うのですけれども。

仙谷由人　ああ、やっぱり、党首先生もいちおう宗教家なんだ、ここは。

釈　ええ、基本的には、宗教のほうでございますので。

仙谷由人　おお、それは、それは。

釈　では、人生を少し振り返ってみましょう。まず、徳島にお生まれになったのは、どうしてですか。

仙谷由人　いや（笑）、そんなことは……。

釈　そのあたりから、少し……。

仙谷由人　いや、それは……。

釈　私たちには、非常に興味深いところですけれども。

仙谷由人　「七十何年前のことが罪か罪でないか」みたいな、それはないだろう。

釈　ご両親をお選びになって……。

仙谷由人　いや（笑）、そらあ、そうだろうけど。

釈　「何か、ご縁《えん》があって徳島に」と思うのですけれども。

仙谷由人　いやいや、それはねえ、そういう運命論者では私はないので。いや、そこまでは責任を負いかねるんだが。「なんで、徳島を選んだ。よそへ行け」って言われても、そらあ、ちょっと困るんだけどな。

釈　お生まれになる前のことなどは、まだ、あまり思い出せないですか。

仙谷由人　いや、そこまで行かないよ。まだ、そこまでは。

釈　そうですね。失礼いたしました。

仙谷由人　「死んだあとの世界でどうするか」っていうところが問題なのであって。

釈　ええ、そうですね。

戦後の丸山眞男《まるやままさお》、安保《あんぽ》運動、朝日新聞への思い

釈　では、少し政治的なところも含《ふく》めて、お話をお聞きしたいと思います。

仙谷先生は、小選挙区制になって五選、通算六期、国会議員としてご活躍《かつやく》をなされていますが、まず、お若いころは、●丸山眞男《まるやままさお》先生の影響《えいきょう》を受けておられます。こ

れに関しては、今、どのようにお考えでいらっしゃいますか。

仙谷由人　いやあ、これを今、総括《そうかつ》できるような立場には、自分はないとは思うんだけどね。戦後は、安保《あんぽ》運動はすごく盛り上がったしなあ。

それで、学生運動は、全世界的にね、いろいろな大学でやられてたな。パリ大学とかさ、いろいろなところでワーワーやられてて、テレビに流れとったころだったから。それは、「大人になれない学生たちの反抗期《はんこうき》」みたいなのと一緒《いっしょ》になって、もう「流行《はや》り病《やまい》」みたいな感じだったから。一種、取り憑《つ》かれたような状態ではあったから。

必ずしも、これ、みな、完全に確信があって、やったほうではないんだけど、何か、体制に反対するほうが〝格好いい〟感じもあったしさ。アメリカのね、ベトナム戦争で北爆《ほくばく》したりしているのとかさ、あんなの

●**丸山眞男**（1914 ～ 1996）　政治学者、東京大学名誉教授。左翼の論客として、1960年の安保闘争の理論的リーダーでもあった。自身のゼミから多数の政治学者を輩出し、「丸山学派」と呼ばれた。主著は『日本政治思想史研究』『日本の思想』等。『日米安保クライシス―丸山眞男 vs. 岸信介《きしのぶすけ》―』（幸福の科学出版刊）参照。

が、やっぱり、〝弱い者いじめ〟をしてるように見えたしさ。

朝日新聞とかはね、当時は、すごいクオリティペーパー（高級紙）として、（発行部数を）一千万部近く持ってたから。学生は、ほとんど、朝日新聞や「朝日ジャーナル」を読んでたしね。スター記者もいたしさ。それで、中国とかさ、北朝鮮《きたちょうせん》とかについても、当時は、ものすごくね、いいことのように報道してたわな。悪いことは何にも書かずに。

だけど、戦後のアメリカは、悪いことがいっぱい出てきてね。でも、これは、単に「左翼《さよく》」というだけでなくて、日本の国自体がアメリカに（戦争で）三百万人も殺されてるからね。そういう意味での、敗北させられた国民の感情としてはね、その伏流《ふくりゅう》感情としては、「反アメリカ」は、やっぱり、あったことはあったと思うんだよ。

もちろん、「従属《じゅうぞく》しなきゃいけない」っていうのは、傀儡《かいらい》政権的な与党《よとう》の立場としてはね、それは、アメリカに従属しなきゃ生きていけないから、「アメリカの援《えん》助《じょ》に全員頼《たよ》って、戦後、繁栄《はんえい》する」っていう。それ、やっとったのは与党だろうし。

だけど、本心的には、やっぱり、三百万殺された恨《うら》みは、あることはあるからさ。向こうは三十万ぐらい死んでるけど、こちらは十倍死んでるからね。それも、「原爆とかを、一般《いっぱん》市民を巻き添《ぞ》えにして、子供も殺すのを知ってて落とした」っていうようなことに対して、卑劣《ひれつ》だとは思ったし。

それが、またね、ベトナムなんかでも、自分らの兵士は死なないようにして、焼《しょう》夷弾《いだん》を落としてさ。枯葉剤《かれはざい》を撒《ま》き、焼夷弾を落として、一般の農民たちまで殺したり、家を奪《うば》ったりしてるのを見ればさ、それは、あなたがたよりは「左翼」かもしらんが、やっぱり、敗戦を認めなかった日本人が（学生運動などをして）戦い続けていたわけであって、ある意味では〝右翼〟なんだよ。「左翼」だけど〝右翼〟なんだよ、本当はね。そういうところもあるんであってね。

釈　はい。非常によく分かりました。そういう意味では、「戦後、お亡《な》くなりになった先人たちへの思いもお分かりだったし、平和を志向しておられた」ということかと思います。

自身の生前の「中国寄り」の考え方を、どう振《ふ》り返るか

釈　その後、先生は、一九九〇年に社会党の新人で衆議院議員になられ、そのあと、民主党で衆議院議員に復帰されました。そのようなかたちで、時代がどんどん移ってくるなか、民主党政権になってご活躍されたわけですが、そのときに、かなり中国との関係が盛り上がってきました。

仙谷由人　（『国家社会主義とは何か』を手に取りながら）これねえ、胡錦濤と並べていただいて、ありがとうございます。名誉《めいよ》なことでございますが。

釈　ええ。今、「中国自体が大きく変わってきた」ということに関しては……。

仙谷由人　うーん……。まあ、今、これはショックを受けているところではあるんだけど。まだ、ちょっと、情報的には十分に理解しかねてはいるので、分からないが。何か、今朝《けさ》ほど、『習近平《しゅうきんぺい》守護霊　ウイグル弾圧を語る』（前掲）かな。何か、そんな題だったかな。

綾織　はい。そうですね。

仙谷由人　あの本の校正をな、ここの総裁が、朝にやって、「まえがき」とか「あとがき」も書いていらして、私はちょっと〝順番待ち〟してて、午後、出られないかなと思ってプッシュをかけて、たいへん、うろうろしてはおったんだけど、ちょっと〝衝撃《しょうげき》的な題〟でなあ。

「えぇー!!」っていうような感じで、「それって、私らが反対したアメリカみたいじゃないか」「ベトナムをいじめたアメリカみたいじゃないか」っていう。なあ？

釈　ええ。まさに、そのとおりでございまして、ウイグルだけではなくて、モンゴルやチベット等に対しても同様です。このあたりについては、先生も、ご生前にお聞きになっていたと思いますが。

仙谷由人　情報としてはね、聞いてはいたけど。

まあ、日本は戦後、アメリカに対しても、とっても弱い立場で生きてきたし、「中国は、経済的にもまだ本当に小さくて、全然、勝てない。日本の十分の一しかないぐらいのレベルだ」と見ていた時代に、中国に対して、「戦前、悪いこともいっぱいしたかもしらんから、補償《ほしょう》も兼《か》ねて、中国の発展に寄与してもいいかな」と思った時代と、安保世代の〝あれ〟は重なってはいるわけよ。

だから、丸山眞男先生の（思想）がな、全部、間違《まちが》ってるかどうか、私には分からんけれども、考えとしては、何となく〝中国寄り〟になってはいくよな。それは、中国自体が、何か人民のためにやってるような国に見えたし、それが発展することがいいことだと思っておったからさ。

だから、日本が荒《あ》らした……、まあ、少なくとも、爆撃したり、軍隊が占領《せんりょう》したりしたことは事実だし、大勢の中国人が死んだのも事実だろうから。日本も復興してたけど、その国の復興を助けられることができれば、それはいいことだろうと思ったし。

国交回復（日中国交正常化）して、貿易も再開されて、（中国は）国が豊かになっていって、鄧小平《とうしょうへい》の時代あたりから、資本主義のほうに切り替《か》えをした。それで、「ああ、だんだんよくなってるんだな」っていう認識は持ってたんだけどなあ。

尖閣《せんかく》諸島沖《おき》の「中国漁船衝突《しょうとつ》事件」時の「判断」はどうだったのか

綾織　その流れのなかで、転機になったのは、民主党政権下で起きた、尖閣《せんかく》諸島沖《おき》での中国漁船衝突《しょうとつ》事件でした。そのとき、「中国人の船長を、そのまま釈放《しゃくほう》してしまう」ということがありましたが、そのあと、中国が増長するというか、居丈高《いたけだか》になってきたわけですよね。

その意味では、ものすごく大きな転換点《てんかんてん》が「民主党政権」だったのかなと思います。

仙谷由人　ああ、それはあるわな。確かに、菅（直人）さんとかも、出身が市民運動家だからね。

それに、私らの時代の政治学も、どちらかといえば、国家主権がない国の政治学だったからね。だから、「国家主権を持つ国として、どう考えて判断するか」みたいなの、教わってないからさ。「クラゲなす海に漂《ただよ》えるわれら」っていう感じだったね。「主権国家としては、何をすべきか」みたいなことを教わったことはないんだよ。

●尖閣諸島沖での中国漁船衝突事件　2010年9月7日、尖閣諸島付近をパトロールしていた海上保安庁の巡視船が不審な中国漁船を発見。海上保安庁の退去命令を無視して違法操業を続け、巡視船に衝突、逃走した。同漁船の中国人船長は逮捕されるも、那覇《なは》地方検察庁は処分保留のまま釈放し、船長は中国へと送還された。

釈　先生は、弁護士でいらっしゃいましたけれども、当時、中国漁船衝突事件を起こした船長については、「超《ちょう》法規的に釈放する」というかたちになりました。そのときは、菅首相の指示を受けて、ご判断されていたと思うのですが、そのあたりのご心境は、いかがなものだったのでしょうか。「しかたがなく」というものだったのか、それとも……。

仙谷由人　というか、「指示を受けたかどうか」っていっても、それは仲間内だから、話し合いはしてるけども。

まあ、菅さんにとっても、私にとっても、中国っていうのは、「アメリカから距《きょ》離《り》を取るんだったら、こちらのほうにつかないとやっていけない」っていうような国ではあったので。「精神的な母国」みたいな気持ちが、ちょっとあったことはあったから、「あれ?」って。お母さんに暴力を振《ふ》るわれたような感じかな。

釈　精神的な母国。

仙谷由人　うん。だから、お母さんが子供に暴力を振るったような感じには見えたから。お母さんに、ほっぺたを殴《なぐ》られたみたいな感じかな。ほっぺたを殴られたけど、「だけど、それで母をすぐに憎《にく》むわけにはいかない」みたいな、そんな感じの感情に近かったかなあ。

釈　なるほど。

旧民主党が、習近平《しゅうきんぺい》国家副主席の「天皇特例会見」を認めた経緯《けいい》は

綾織　これは、民主党政権が発足《ほっそく》して、すぐのときだったと思うのですが、当時、国家副主席だった習近平《しゅうきんぺい》氏が、「訪日をする際に、天皇陛下《へいか》と会見したい」と言っ

て、無理やり押《お》し込《こ》んできたことがあり、民主党政権は、それに唯々諾々《いいだくだく》と従ってしまいました。

その結果、習近平氏の継承《けいしょう》といいますか、彼が国家主席に、そのままスッと上がっていく流れをつくってしまったということもあります。

ですから、先ほどのウイグル弾圧の話は、民主党政権も弾圧に加担しているわけではないですけれども、ある意味で、習近平氏を手助けした経緯《けいい》があると思います。

仙谷由人　うーん……。あの時点では、習近平氏を、「（前国家主席の）胡錦濤氏よりも、まだもうちょっと温和《おんわ》な人」というぐらいに見てたんでね。

綾織　ほとんど、発言らしい発言がなかったですよね。

仙谷由人　ねえ？　だから、「もうちょっと温和な人」というぐらいにしか見てなかった。ただ、「押しは強いなあ」っていう感じはあって、「無理を言うなあ」と思ったけど、「一カ月ルール」みたいなのは、こちらの内々《うちうち》のルールなので、外交ということを考えれば、そこまで贅沢《ぜいたく》は言えないものがあるから。
ただ、われわれが、ちょっと教育上ね、実は、天皇陛下を軽《かろ》んじる教育をだいぶ受けてはいるのでね。「敗戦したところのエンペラーが、そんなに偉《えら》いのか」っていう感じを、内心、持ってたことも事実だよな。

綾織　なるほど。

仙谷由人　だから、「別に仕事もないんだから、会ってもいいいんじゃないの」というぐらいの感じだったことは事実だわな。

綾織　まあ、（天皇陛下の）ご健康状態も非常に厳しいときだったので。

●一カ月ルール　宮内庁と外務省の間で決められているルールで、「各国の要人が天皇との会見を行うに当たり、当日の１カ月前までに文書で申請する」というもの。2009年12月15日に行われた習近平氏（当時は中国国家副主席）と天皇との会見では、申請期日を過ぎていたものの、鳩山《はとやま》内閣の強い要請によって行われた。

仙谷由人　いや、「一カ月」っていうのはなあ……。本当は、そんなに忙《いそが》しいわけでもないからさ。

綾織　なるほど。

仙谷由人　もちろん、宮内庁《くないちょう》はいちおう抵抗《ていこう》するけどさ。だけど、将来を考えれば、「民主党政権になって、中国とグーッと仲良くなって、国がまた発展していく」ような感じ……。まあ、中国はかなり発展してきてましたから、「そういう感じのドリームを国民に見せたほうがプラスかな」と思っていたので、「ちょっと譲《じょう》歩《ほ》してやったほうが、向こうもうれしくて、日本に対して、もっと譲歩してくるんじゃないかな」と思った面はあるわな。

「天安門事件《てんあんもん》」が起きたときは、どう思っていた？

綾織　いろいろと、少し追及《ついきゅう》風になって恐縮《きょうしゅく》なんですけれども。

仙谷由人　いやいや。追及してください。

綾織　いえいえ。

仙谷由人　もう、私は閻魔《えんま》様にやられる前に〝練習〟しておきたいから。

綾織　なるほど。確かに、そういう意味合いもあるかもしれないですね。

釈　お亡くなりになったあとの、いろいろな論評などを拝見しますと、「非常にピュア（純粋《じゅんすい》）な方だった」というお声も、けっこうあるようでございまして。

仙谷由人　ああ、珍《めずら》しいことを言ってくれるな。

釈　ええ。あと、「リアリスト（現実主義者）の面も持っておられた」という話もありますけれども。

仙谷由人　ああ、リアリストはそうだな。

釈　確かに、「心情的には、アメリカではなく、中国に非常に近かった」というお話でした。また、今、戦後七十年以上たちましたが、「中国も経済的に豊かになれば、立派な民主的な国になるだろうと思われていた」ということでした。

ただ、少し振り返ってみますと、例えば、天安門《てんあんもん》事件では、ああいう体制によっ

●天安門事件　1989年6月4日、中国の民主化を求めて天安門広場前に集まった学生等のデモ活動が弾圧された事件。対外的に厳しい報道管制が敷《し》かれたため、実態は不明だが、人民解放軍による無差別発砲や戦車による轢殺《れきさつ》によって、少なくとも千人以上の虐殺《ぎゃくさつ》が行われたとも言われる。

て、若い人が数多く殺されました。そういった状況《じょうきょう》をご覧になって、「何かおかしいな」というようには思われなかったのでしょうか。

仙谷由人　だから、中国に対する戦前の罪悪感を引きずっての「戦後政治学」みたいなものも始まってたし、マスコミの人もそういうのが原点にあってね。

まあ、朝日もそうじゃない？　戦争中は、「行け行けゴーゴー」で、「皇軍は、また勝てり」みたいな感じのをやっとったのが、戦後は、もう一切《いっさい》、反対のかたちでね、ずーっと論調を……。朝日が、〝提灯持ち《ちょうちんも》〟したことを反省して、その反対を書くようにやってたように、用心はずいぶんしとったんでね。

だから、そういうの（天安門事件）もあるけど、「日本がそれを責める資格があるのかどうか」みたいなところに対しては躊躇《ちゅうちょ》……。まあ、「（日本は）言えるほどのいい国だったんかな」っていうところがあって、「もっと悪いことしてるかもしれない」と思ったら、「天安門広場で、ちょっと衝突が入ったぐらいは、内部的、国内的な問題だ」と向こうが言えば、「そういうところもあるかなあ。われわれは、中国全土を占領してるからね」というような罪悪感もあってな、そう強くは言えないような感じはあったわな。

でも、「いずれ、内部的に、だんだん、少しずつ前進していくんじゃないかな」というようには思っとったんだがな。

「高度監視《かんし》社会」となった中国に対する驚《おどろ》き

釈　いや、それどころか、今、十四億の国民全員が、デジタルで監視《かんし》下に置かれていまして、自由が全然なくなっているんですけれども。

仙谷由人　いや、これはちょっと、私も理解不能の世界だな。人口が増えたら監視は難しくなるはずなのに、「それで高度監視社会ができる」っていう。まあ、機械の発展でそういう時代になったんだろうけど。ちょっと、私も、こういう世界は……。まあ、〝ジョージ・オーウェルか何かの未来社会〟みたいなんだけど、まさか、「そんなようなものが現実にできる」っていうことは、ちょっと想像できなかった。もう、政治家としては古い世代に属するので、ちょっと想像ができない。

釈　そのあたりを少し整理されてから、閻魔様にお会いになったほうがよろしいかもしれません。

仙谷由人　うーん、閻魔様は知ってるのかなあ。

釈　いやいや……。

仙谷由人　閻魔様は、そういう「ハイテク」を分かってるかな。

綾織 まあ、分かる人もいると思いますけれどもね。

仙谷由人 あちらも〝古い〟んじゃないかな。

釈 習近平国家主席守護霊が、ウイグルの人々に対して、生きたまま臓器を取って売買するなど、ものすごい大弾圧、人権弾圧をやっていることを認めました。

仙谷由人 そうかあ。

釈 そのあたりは、少し整理をつけられて……。

仙谷由人 いや、閻魔さんは、もしかしたらね、「つい、この前、秦《しん》の始皇帝《しこうてい》を裁いたところだ」とか言ってるかもしれないからさ。あれは、あなた、二千年前の話だから、もしかしたら、（閻魔さんも）そのくらい古いかもしれないので、分からないかもしれないと思ってさあ。

4　しかし、日本の「左翼《さよく》」にも言い分がある

旧民主党の負の遺産、「普天間《ふてんま》基地移設問題」の総括《そうかつ》は

綾織　少し反省を進めるという意味では、民主党政権のなかで、「負の遺産」と言うと恐縮《きょうしゅく》なのですけれども、やはり、「アメリカとの関係」があると思います。

仙谷由人　うん？

綾織　アメリカですね。

仙谷由人　ああ、アメリカね。

綾織　特に、沖縄《おきなわ》の問題ですね。

仙谷由人　ああ……。チェッ（舌打ち）、まあ、「命取り」になったね。

綾織　やはり、「あの普天間《ふてんま》基地の問題でこじれてしまって、そのあと、翁長雄志《おながたけし》知事が出てきて、今度は、玉城《たまき》デニー知事が出てきて」というように、もう、こじれてこじれて、どうしようもなくなってしまったわけですが、これが民主党政権から始まっています。

当時、政権のなかにいらっしゃった方として、「この部分を振《ふ》り返って、どう総《そう》括《かつ》するのか」という点も大事なところかなと思います。

仙谷由人　うーん……。まあ、あんたがたから見ればさあ、私たちが、ガバナンス

（統治）っていうかね、そういう統治能力がないから、そうなったんだとか思うんだろうけどさ。

さっきから言ってるように、意外に同情心が強いんだよ。シンパシーがあってさ。

綾織　ああ……。

仙谷由人　「かわいそうだな」という気持ちが強いんだよ。だから、中国に対しても、そういう気持ちがあったし、韓国《かんこく》、北朝鮮《きたちょうせん》にも、ちょっと持ってたけれども、沖縄の人もさ、戦争でずいぶん死んでるからね。戦後もずっと負担を負っててさ、「かわいそうだな」という同情心が強いんだよ。「左翼《さよく》」と言われてもね。

だから、「それが、全部悪だ」とは、私は言われたくはないんだけどね。まあ、「何とかしてやりたいな」という気持ちはあったんだけど。

こういうことは……、まあ、もう投票はないから言ってもいいのかもしらんが、日本の国民も、あっちもこっちも、わりあいね、ちょっとエゴイスティック（利己的）なところがあるからね。「自分のところに（米軍基地を）持ってこられる」っていうんだったら、反対なんだよね。

だから、総論賛成。「沖縄の基地負担を減らせ」っていうのは、総論賛成なんだよ。「では、おたくに移していいか」って言ったら、「反対」になるからさ。

では、「『アメリカは帰れ』って言うなら、日本については、軍事的に強化して護《まも》るのか」って言うと、「いや、それも反対」となって、「結局、動かない」みたいになってしまうんでね。

だから、（私たちも）『国家社会主義とは何か』でも、ひどいことを書かれてるけど。まあ、今度は、安倍《あべ》さんが、また同じことを言われてるんだろうと思うけど、「『自分の国の国防を強くして、外国の侵略《しんりゃく》を防ぐ』という名目で軍事拡張する」というのは、実際上、それは、「ものの言い方」だからね。

中国だって「国防」のためにやっとるしさ、北朝鮮だってそうだからさ。アメリカもそうだ。まあ、みんな、どこもそうなんだろうけどね。だから、「ものの言い方」なので、いや、これは誰《だれ》かが責任を負わなきゃいけなくはなるわな。だけど、鳩山《はとやま》（由紀夫《ゆきお》）君には、ちょっと無理だったわな、はっきり言ってな。

「安倍《あべ》さんは本能的に賢《かしこ》いので、気をつけたほうがいい」

釈　そのお優《やさ》しい目で、ぜひ、フェア（公平）に、今の現状というものをご覧いただくとよいのではないかと思います。

仙谷由人　うん。だから、君らも、ちょっと気をつけないと、〝あれ〟だぞ。安倍《あべ》さんでも、中国には懐柔《かいじゅう》されていると思うんだよ。（中国と）仲良くすれば、お金になるからね。貿易になるし、その他、経済の復興になるからさ。投資ができてね、そして、企業《きぎょう》がつくれて、また貿易が増えて、〝スパイラル式〟に大きくなる可能性があるので、経済復興させようとしたら、身近なところで狙《ねら》えるところだからさあ。

彼もそれを計算してるから、ウイグルの話を聞いててもさ、すぐには食いつかないだろう。それは、それなりの「彼の本能的な賢《かしこ》さ」なんだよ。

君らは、本能的に賢くないところがあるからさ、そういうのにすぐ食いついてしまうけど。いちおう、「損得計算しないのが（幸福実現党の）いいところだ」って言っても、現実には、それは起きてくるからさ。悪い役だけ背負わされないようには気をつけないと。

いや、それで、君らがやって、十分に〝被害《ひがい》〟を受けたあと、安倍さんあたりが〝いいところだけ〟、またサッとかすめていくのがいつもの手だから。やられるから、それ、気をつけたほうがいいと思う。いや、これは老婆心《ろうばしん》だけどね。

君らは地ならしをやって、十分に〝被害〟を出した上で、自民党が、「それなら、私たちが何とか解決しましょう」って言って、上のいいところだけを取るという、これをやられないように、気をつけないといかんな。

綾織　ありがとうございます。

〝幸福実現党の二番手商法〟である自民党の政策は

七海　まさに、安倍政権には、「生涯現役社会《しょうがいげんえき》」や「消費税」の問題等についても、幸福実現党の大川隆法総裁が言っている言論に追従するかたちで言っているところがあります。

先ほど、「政治家は表面と本心が違《ちが》う」という話もありましたけれども、このあたりの「自民党の本心」につきまして、今、何か感じておられることなどはありますでしょうか。

仙谷由人　いやあ、もう一つ選択肢《せんたくし》はあるんだよ。生涯現役より、私みたいに、

「七十二ぐらいで死んでもらう」っていうね。早く死んでもらえば、（年金を）払《はら》わんで済むからさ。

だいたい、「年金支給開始から五年以内に死んでいただく」というのが理想なので、もともとの設計はそうなっていて。だいたい、「六十から支給したら、六十五で死んでもらう。五十五から支給なら、六十で死んでもらう」っていう。

基本は、だいたいそうだったのがさ、今度は医学のほう、病院には援助《えんじょ》をいっぱいして、医療《いりょう》は発達したものの、「それで延命する。そうすると、また、それに手がかかって、その分、税金がなくなる」っていうのが今の悪循環《あくじゅんかん》で。北欧《ほくおう》型、ヨーロッパ型になってきて、（税金が）重くなってきてはいるわけよね。

だから、優しさが足を引っ張って失敗するのは、われわれだけでなくて、自民党だって同じで、ポピュリズム（大衆迎合《げいごう》主義）の一種だわな。

「生涯現役」って言ってはいるが、年を取ると、それは働くのはきついよ。私だって引退したわけであってね。政治家だってボロボロになりますよ。

安倍さんだって、「今は、新しい薬ができたので、（体が）もっている」と言ってるけど、いったん、病気でリタイアした身だからね。だから、今、もってるように見えるけど、あれ、本当は、どうなってるんか知らんからさ。あと、もう一期やるので全力なんだろうけど、それが終わったあとはどうなるか。わしより早いかもしれないからね、もしかしたら。

それは、政治家っていうのは、みんな、そんなもので、ボロボロで持病を持ってる人がいっぱいいるから。ガンとか持っててても言わないからさ。人気稼業《かぎょう》だから言わないけどね。

でも、現実は、「年を取る」というのは厳しいことですよ。厳しくて体にこたえるからさあ。だんだん働けなくなる。

だから、「生涯現役」っていうのは、どうしても支えられなくなったら、そうせざるをえない選択肢なので。まあ、君らが率先《そっせん》して言ってくれてるから、それも自民党は、ほくほくだろうね。もう幸福実現党が、みんな悪いやつを引き受けてくれるから。

釈　いや、まあ、そうは……。

仙谷由人　ゴミ掃除機《そうじき》みたい、清掃車みたいなもんだ。

釈　清掃車？　まあ、〝お洗濯《せんたく》〟は、私たちの信条ではありますけれども。

仙谷由人　いや、君らがやってくれるから、もう言わなくて済むよね。先にやってくれてるから、「ああ。もう広がってるようです。では、生涯現役ということで、年金支給を七十歳《さい》に延ばすように、みんな定年を延長してくださいね」と言って。幸福実現党が言ってることだからね。だけど、幸福実現党の手柄《てがら》とは言わずにね、「あとで、それに乗ってくる」と。

釈　もう、まったく、安倍首相がいつも……。

仙谷由人　もう、必ずそうだよ。二番手商法だから、〝マネシタ電器〟にそっくりだよね。

釈　ええ。そうですね。ただ、そういうこともだんだん分かってきています。「おたく（幸福実現党）が先に言っていたね」ということは、多くの人に感じられているところではあります。

「人生百年時代に入ろうとしている日本」に必要な政策とは

釈　日本も、これから、「人生百年時代」ということで、「今、一歳から九歳ぐらいまでの子の半分は、平均寿命《じゅみょう》が百七歳まで延びる」という時代ですので。

●一歳から九歳ぐらいまでの子の半分は……　『LIFE SHIFT《ライフ　シフト》』（リンダ・グラットン、アンドリュー・スコット共著／東洋経済新報社）では、「2007年に日本で生まれた子供の半分は、107年以上生きることが予想される」としている。

仙谷由人　えっ？　どこ？　一歳から？

釈　今、九歳ぐらいまでの子の半分です。

仙谷由人　九歳ぐらいまで。百七歳？

釈　百七歳です、平均寿命が。

仙谷由人　ああ、それは困るわあ。

釈　ええ。そこまで延びると言われています。

仙谷由人　それは、戦争しなきゃいけなくなるかもしれないね。それは大変だ。

釈　例えば、マレーシアのマハティール首相は、今、九十三歳で現役でいらっしゃいます。ただ、長寿で幸せに生きるためには、「〝優しい〟だけの政治は、逆に不幸につながることが多い」ということも、日本人は、よく分かってまいりました。

〝優しく〟病院に入れると、「廃用症候群《はいようしょうこうぐん》」といって筋力が衰《おとろ》えてしまうのですが、すぐに胃ろうをつくったり、気管切開したりして、もう、ベッドの上で十年ぐらい長生きしてしまうんですよ。

仙谷由人　やっぱり、〝切腹制度《せっぷくせいど》〟を復活しなきゃいけないよな、それだったら。ハッハハハ（笑）。

釈　ですから、生きがいづくりも含《ふく》めて、なるべく、亡《な》くなる五年前ぐらいまで元気に働けるように、やっていくべきかと思います。

「幸福の科学は他宗と違《ちが》い、合理主義者」

釈　ここで少し、経済についてもお伺《うかが》いしたいのですが、民主党政権発足《ほっそく》当初、「コンクリートから人へ」という言葉が、すごく流行《はや》りました。

仙谷由人　はい、はい、はい。

釈　あれは、先生がお考えになったわけではないと思いますけれども。

仙谷由人　ヘッヘッヘッヘ（笑）。

釈　あと、「チルドレン・ファースト」ですね。とにかく「子供第一」ということを民主党は言われていました。

最近の震災《しんさい》続きの日本をご覧になって、そのあたりについては、いかがお考えでしょうか。

仙谷由人　うーん……、まあ、なかなか、うまいこといかんもんだよなあ（苦笑）。そういうのが当たる場合もあるんだけどね。「コンクリートから人へ」って言って、それがピッタリ当たる場合もあるんだけど、何か〝逆運〟だね。言ったあとに、あいう震災（東日本大震災）が来たりするような、なあ。ちょっと、あの政権には、何か「呪《のろ》い」がかかってたんだろうね。そうとしか思えない。

綾織　そのあたりは、どうなのでしょうか。私たち宗教の立場からすると、やはり、「唯物論《ゆいぶつろん》的な考え方の政権のときに、ああいう震災が起きる」と考えているのですけれども。

仙谷由人　いやいやいや。そうとも言えないんだよ。ほかの宗教とも付き合いはあったから、訊《き》いてみたら、「そういう『もののけ姫《ひめ》』的な環境破壊《はかい》に反対の宗教」っていうのは、けっこう、あることはあるので。「コンクリートから人へ」って言ったら、「そのとおりだ」って言う宗教は、数としては、そちらのほうがけっこう多いんじゃないか。

釈　（二〇一八年の台風による）和歌山の高潮《たかしお》被害を見ますと、テトラポットが切れたところから被害を受けているんですよ。「コンクリートも人も」です。

仙谷由人　それ、君らは、合理主義者、合理主義の宗教家だから〝あれ〟だけどさ、普通、宗教家は合理主義じゃないので。何かそういうのって、むしろ嫌《いや》がるんだよね。「テトラポットがどうのこうの」と言うよりはさ、「優しくいたわりましょう」

みたいなほうが喜ばれるんだよな。

釈　なるほど。そのあたりは、非常に勉強になるところでございます。

仙谷由人　だから、（幸福の科学は）ほかの宗教とは違《ちが》うよ。ほかの宗教からは、逆に、君らのほうが唯物論に見えてるから。そういう唯物的な……、もうちょっと、「ちゃんと、道路網《もう》は整備する」とか、「建物をかっちりする」とか、「シェルターをつくる」とか、「堤防《ていぼう》を上げる」とかさ、何だかんだ言ってるじゃない。何か、君らのほうが建設会社の味方で、唯物論者のようにも見えないこともないからさ。それ、見方はいろいろだと思うよ。

旧民主党の「コンクリートから人へ」は自民党への楔《くさび》だった

七海　それでは、ポピュリズムや票を取るためではなくて、「本当に何とかしたい」

といった同情心から、「コンクリートから人へ」という政策は出てきていたのでしょうか。

仙谷由人　いやあ、まあ、一つは〝あれ〟よ。それは、「財政赤字」のところを減らしたかったからさ。

戦後の自民党の長期政権の基本的な理由は、「財政出動」だよな。財政出動して、インフラのところに、お金をいっぱい出して、ゼネコンにお金を流して、そして、ゼネコンの票をほとんど取ってるからね。従業員が多いから、あそこはね。「その票で固める」みたいなの、これが自民党の地盤《じばん》だからね。

ここを崩《くず》さなきゃいけないからさ。あれ（「コンクリートから人へ」）は、そこを崩すための〝楔《くさび》〟であったわけなんだけどね。

だけど、何か知らんが、たまたま向こうに有利な結果が……。〝神のご配慮《はいりょ》〟なのかどうか、神が〝人殺し〟されるのかどうか、私はよく知らないけれども、そういうふうな天災が続いてね。確かに、平成の世は天災が多かったね。

そういう意味では、ちょっと、何とも言えなかったねえ、うーん。むしろ、「手《て》抜《ぬ》き工事」とかのほうが危なかっただろうしね。「もうちょっと、しっかりお金を使って、いいものをつくれ」って言いたくなる現状ではあったわね。

5 自民、旧民主、幸福実現党への「申し送り事項《じこう》」

葬儀《そうぎ》の場に来てくれた政治家たちに「伝えたかったこと」

綾織　少し、最初の話に戻《もど》るんですけれども、「葬儀《そうぎ》の場にたくさんの政治家がいたので話をしたかったけど、伝わらなかった」とおっしゃっていました。

今がその代わりの場だとしたら、そうした自民党系や野党系のみなさんが集まっているなかで、何を話したいと思われますか。

仙谷由人　いやあ、「(霊言《れいげん》を)出していただくから、お追従《ついしょう》を言っている」と言われると、そのとおりではあるから否定はしないけども、「幸福実現党っていうのは、けっこうすごい政党だよ」って、やっぱり、一言《ひとこと》、言っておきたいね。

綾織　ほお。そうですか。

仙谷由人　やっぱり、「先見性はあって、本当に、もう、一票にもならないのに〝余計なこと〟をいっぱい言って、世のため人のために、あるいは、ほかの政党のために頑張《がんば》ってる政党だよ」ということを一言、言っておきたいね。

釈　「ほかの政党のため」といいますか、「国のため」に、「お一人おひとりの幸福のため」にですが。

仙谷由人　うん、票が入るのはそちらだよ、ほかの政党。ただ、あなたがたの政策は実現されて、票はほかの政党に入る。この矛盾《むじゅん》がね、成立してるんだよな。
それは、マスコミがね、キチッと解説しないからさ。「これは、幸福の科学、あるいは、幸福実現党の政策をパクってやりました」っていうのを、マスコミがどこも、一つも解説しないから。誰《だれ》もがしゃべらないことは、「ないのと一緒《いっしょ》」だからね。

これは、「民主主義をマスコミが担保《たんぽ》してる」っていう意味においては、はっきり言えば、「宗教への偏見《へんけん》のほうが勝《まさ》っている」ということだろうね。だから、君らが言ったことで、いいことはいっぱいあるよ。民主党だって取り入れたものはあるよ。「高速道路（無料化）」とかね。

綾織　そうですね。

仙谷由人　そこのところをちょっと無料化しようとしたり。いろいろと（幸福実現党の政策を）手に入れようとしたり、やろうとしたことはいっぱいあるんだけどね。

「節操《せっそう》がない枝野《えだの》君は、総理にはなれない」

釈　次の国会（二〇一九年通常国会）でも、おそらく野党は「モリカケ（森友《もりとも》・加《か》計《け》学園問題）批判」を展開すると思うのですが、野党については、どのように見ていらっしゃいますか。

仙谷由人　まあ、あれだけで、そう簡単には勝てないだろうなあ。長いもんな。みんなが、ちょっと飽《あ》き飽きしてきてるから（笑）。

釈　選挙戦略で言えば、野党としては一つにならないと絶対に勝てないし、与党《よとう》としては、そうした野党を切り崩《くず》すことがいちばん大事になってくるというようなかたちで、「選挙の戦い方」などを考えても、ちょっと厳しいのかなと思います。

仙谷由人　うん。

釈　仙谷先生は、次（二〇一九年）の参院選に向けて、今、どこの政党を応援《おうえん》していらっしゃるのでしょうか。あるいは、応援したい気になっている政党はありますか。

仙谷由人　いや、（霊には）投票権がないからさ、「どこに入れるか」っていうのは成り立たない議論ではあるけど。

いちおう、民主党の後継《こうけい》が立憲民主党などになって、枝野《えだの》（幸男《ゆきお》）君になっているのかと思うけど。まあ、枝野君っていうのはすごく節操《せっそう》のない男だからねえ。あんまり信用ができないっていうかさ、あんまり筋《すじ》が通ってないんだよなあ。だから、意外に〝受け狙《ねら》い〟で動いていくだろう、どんどんなあ。

「節操がない男だな」と思って見てはいるところがあるんで、あれで総理大臣に

●民主党の後継が……　旧民主党は2016年に維新の党等と合流して民進党と改称。その後も分裂し、希望の党や立憲民主党、国民民主党等に分かれている。

なれるとは、私は思えないね。

七海　世の中から見ると、筋を通して立憲民主党を立てたように……。

仙谷由人　そんなことはないよ。

まあ、私も、「憲法を守れ」でやるのは、野党の戦い方としては正攻法《せいこうほう》であることは認めるけどね。そのほうが票を取りやすいから、それは正攻法であるようには見えるが。

うーん、政党も、いっぱいいね、「民主」だ「維新《いしん》」だ、何だかんだ、コロコロコロコロ替《か》わりながらやってるじゃないの。受けを狙いながら、うまくやってるような感じに見えるしな。それで、信念を貫《つらぬ》いてるように見せるところがうまいけど。まあ、一回ぐらいは、ブーム的にちょっと持ち上げるかもしらんけど、長くはもたないと思うね。

というか、それだけの政策を持ってないように見えるわね。「護憲」だけだったら、それは後藤田正晴《ごとうだまさはる》だって言うとったことだからね。

綾織　そうですね。

仙谷由人　別に何の目新しさもないので（笑）。戦後教育ではそういうふうになっとったから、それを言うとるだけで。

だから、あちらのほうが〝保守〟かもしれないわな、ほんとはね。自民のほうが〝革新〟かもしれないから（笑）、実を言うとね。

「他党が（政策などを）パクり放題の月刊『ザ・リバティ』」

綾織　「幸福実現党は他党に票をあげている」という話でしたけれども。

仙谷由人　うん。ものすごく気前がいいね。気前がいいわ。

綾織　まあ、そうかもしれませんけれども（苦笑）、戦い方として、きちんと……。

仙谷由人　いや、いちばん気前のいいのは、君のところの「ザ・リバティ」だよ。ねえ？　内緒にするべきものを全部、公開してくれるから、ほかのところが〝パクり放題〟なんで。

綾織　（苦笑）

仙谷由人　「雑誌で公開したものなら、別に使ったっていいんだろう」ということになって、政党（幸福実現党）が言う前にもう、みんなパクられてるから。

月刊「ザ・リバティ」2019年6月号（幸福の科学出版刊）

君たちが生き残るために、まあ、何十人か知らんけど、政党のほうが〝食われてる〟ことになってるね。

綾織　それについては、ちょっと気をつけないといけないと思います。

仙谷由人　残念だね。共産党の機関紙に書かれたことなんて、ほかの党は読んでないし、一般《いっぱん》の人も全然、読んでないし。創価学会《そうかがっかい》の聖教新聞に書いてあることも、ほかの人は全然、読んでない。だけど、君たちの「ザ・リバティ」は、ほかのところに筒抜《つつぬ》けで、全部、読んでるからさ。

いや、「正直な団体」だからさ、〝パクり放題〟なんだな。

綾織　そこが、もう一段広がると、「幸福の科学、幸福実現党が言っていること」というようになるのですが。

釈　啓蒙《けいもう》が必要だと思っている政党ですので。

例えば、私たちは、「改憲」や「減税」の必要性をずっと訴《うった》えてきましたけれども、「なぜ憲法を変えなければいけないのか」について、安倍《あべ》首相が真正面から説明したことはないんですよね。「何が脅威《きょうい》なのか」「そもそも憲法はどう成り立ったのか」、そうしたことも含《ふく》めて聞いたことがないです。

つまり、日本の国民のなかには、「本質論」を耳にしたことがない人が多いと思います。

そういう意味では、私たちが日本人の考え方そのものを変えないと、仙谷先生のように、「死んだあと、どうしたらいいか分からない」といった状態になる方が、これからもどんどん増えてしまいますし、「日本の未来、どうなるんだろう」と心配している方々への答えもないわけですので、筋を通していきたいと思っているんです。

安倍《あべ》首相の〝ちょっとのことを膨《ふく》らませて見せる力〟はすごい

仙谷由人　安倍《あべ》さんも、憲法を変えたいっていうよりも、まあ、憲法を勉強したことがないんじゃないかな。

勉強したことがないからさ、何を守らなきゃいけないかも分からないので、総理大臣になったら、「麿《まろ》の好きなようにやらせろ」と言うとるだけなんじゃないのかね、自分がやりたいように。

釈　その安倍首相もこれで三選目なので、二〇二〇年の東京オリンピックの翌年ぐらいで、安倍首相の時代が終わるわけなのですが、仙谷先生からは、次の自民党の方々はどう見えていらっしゃいますか。

仙谷由人　うーん。モリカケ問題でね、あれだけやられながら倒《たお》れない。たぶん、普通《ふつう》の、ほかの総理大臣なら、倒閣《とうかく》されてるだろうと思うんだよ。たぶん、やられてる。たぶん、辞職になっているだろうから、追い込《こ》めたと思うけど。

そうされないのは、一つには、まあ、冷静に、客観的に見て、やつは外交はすごく得意だからね。飛び回って外交のほうで実績をあげているように見せてる。外交をやれば、必ず報道するので。

なぜかっていったら、報道の記者とカメラマンがついて回るから。ついて回って、一緒に飛行機に乗ったりして、食事なんか食べてるとね、悪口を書けないんだよ。悪口を書くと、次は呼んでくれないからさ（笑）。

（綾織に）知ってるだろう？

綾織　はい。

仙谷由人　一緒に連れていってくれて、向こうで食事とか食べたりしてると、その次も連れていってほしいから、悪口を書けないんだよね。だから、外交をやると、必ずいいニュースしか書けないので。

そのへんの〝点数稼《かせ》ぎ〟がうまいし、国民にはすごくやってるように見えているところはあるし。

まあ、実際に効果があるところもあっただろう。確かに、「外交をしっかりやってたから、北朝鮮《きたちょうせん》問題等は収まったのかな」と思ってる国民はいるのかなとは思うがな。

それと、もう一つは、アベノミクスとか称《しょう》して、「経済の安倍」みたいなイメージを広げるっていうか、膨《ふく》らますのはうまかったわな。このへんがうまかったなと思う。

けっこう小手先《こてさき》でうまくやるところがあるんだよ。例えば、「消費税を上げる」と言っといて、実際には取ってもないものを、「先延ばしした」っていうことで「返した」かのように感じさせて、国民のほうが恩義を感じるわけね。「安倍さんのおかげで税金が助かった」みたいな気になるじゃない。

「来年（二〇一九年）、十パーセントに上げます」と断言しておいて、「実は、二パーセントぐらいは、キャッシュ（現金）でないやつについては返してもいい」とか、「中小の店に関しては、二パーセントぐらいまけてもいい」とかいう感じのことを言ったりもして、コチョコチョと細《こま》かいところは器用だよな。もうほんとに嫌《いや》んなる。

「コンクリートから人へ」って言ったような人は、あんまり構えが大きすぎて、ちょっとバカを見てるみたいな感じだな。

（安倍首相は）すごくうまいね。

綾織　うーん。

仙谷由人　ある意味では、何て言うか、「狐《きつね》・狸《たぬき》学」としては……。

いやあ、私は徳島県出身で、これはタヌキの本場なんだけどね。日本の四十七都道府県のなかでは徳島県が首相官邸《かんてい》で、〝タヌキの首相官邸〟は徳島県なんだよ。だから、大宗教家も出るし、大政治家も出るところではあるんだけども、ただ、「狐・狸学」としては、安倍さんのほうが少し上回ってるところがあるな。

何て言うか、ちょっとのことをあそこまで膨らませて見せられる力はすごいとは思うなあ。

七光りを使うのに長《た》けている自民党の議員

釈　私も、「安倍首相は魔法使《まほうつか》いみたいで、幻惑《げんわく》するようなことが非常にうまいなあ」と思うのですけれども、若手の小泉進次郎《こいずみしんじろう》先生なんかも同じように……。

仙谷由人　ああ、これが出てきたね。

釈　はい。「小泉さんしかいない」と思わせるのがうまくて、〝二人目の魔法使い〟が出てきたような感じもするのですが。

仙谷由人　ちょっとねえ、いやあ、これは「ノー」と言ってほしい感じは、私はあるんだけどね。小泉進次郎なんかね、小泉（純一郎《じゅんいちろう》）首相の息子《むすこ》でなかったらね、国会議員にさえなれてないよ、あれ。絶対、なれるわけないよ。なれてないと思うよ。首相候補でしょう？　三十代で早くも。

このへんがねえ、国民はちょっとおかしいっていうかさ。これじゃあ、昔の封建《ほうけん》時代丸出しじゃない。

綾織　うーん。その意味では、丸山眞男《まるやままさお》さんの、「永久革命」の部分での民主主義というのは、有効性はあるということになりますね。

仙谷由人　まあ、確かに、悪代官《あくだいかん》ならぬ悪領主になれば、殺されることはあるから、「そんなに悪い人ではない」っていう判断があるんだろうけどさ、応援している以上は。

でも、最善かどうか、最良かどうかっていうことになったら、疑問符《ぎもんふ》はあるわな。だから、みんな底上げに底上げを重ねていってるようには見えるもんね。

釈　立憲民主党で議員になられた若手のなかには、「最初は、自民党のほうで青年部で役を持っていたけれども、ご令嬢《れいじょう》やご子息ばかりの自民党と肌《はだ》が合わなくて、今、立憲民主党のほうに来ている」という方もいらっしゃるようです。実は、保守の与党、自民党なんかには、若い人へのチャンスがほとんどないので、「本当は考え方として違《ちが》うけれども、今は立憲民主党にいる」などという方もいらっしゃるようなのですけれども。

仙谷由人　うーん……。まあ、ちょっとねえ。

いやあ、安倍さんも、「岸《きし》（信介《のぶすけ》）の孫、佐藤《さとう》（栄作《えいさく》）の大甥《おおおい》」でなければ、首相はありえなかっただろうし、そもそも国会議員になれたかどうかも分からないぐらいの人だろうと思うんだけど、国会議員になれて、さらにトントン拍子《びょうし》でいく。そらあ、もちろん魂《たましい》的な力も働いてはいるんだろうとは思うけどね。

ただ、何と言うかな、「七光り」を使うのがうまいわなあ、長《た》けてるね。自民党にはそういう人が多いんじゃないかな、「血筋、血統でやる」っていう。これは、結局、民主主義の〝逆〟でね、「民衆はバカだ」と思って、「バカだから、選べないから、殿様《とのさま》の血筋を絶やすな」と言っている。

これを、そのまま追随《ついずい》してるだけだね。

釈　なるほど。

「日本の民主主義」と「アメリカの民主主義」との違《ちが》い

釈　小渕優子《おぶちゆうこ》さんを、次の首相として担《かつ》ごうとしている方もいらっしゃるようです。こうした封建社会的なものに打ち勝つにはどうしたらよいのかについては、お考えはございますか。

仙谷由人　「日本の民主主義は、アメリカ的な民主主義とは違《ちが》う」ことは確かだわね。

封建社会から明治維新になったけど、完全に「封建時代の考え」をすり潰《つぶ》したわけではなかったところはあるんでね。ちょっと、流血のない革命ではあったのかもしらんけど、価値観的に完全に否定したわけではなかった面はあるのかな。

まあ、親の職業を子が継《つ》いでも構わないんだけどね。ただ、政治に関しては、もうちょっと厳格でなきゃいけないっていうのは、民主主義的には要請《ようせい》はある。

だから、アメリカ的には、「ワシントンの孫がどうしているかなんて、誰も知らない」っていうのがスタート点でね。これがこっち（日本）に来てないところに、残念なところがあるわな。

もし、それで「よく務《つと》まっている」っていうんなら、それは、また困ったことで、「それで務まってるっていうんなら、日本の政治はいったい何なんだ」っていう、ねえ？「いったい何なんだ、これ」って。「もう、狐でも狸でもできるんじゃないか」っていう気はするわね。判子《はんこ》さえ押《お》せればね。

6　マスコミが幸福実現党を報道しない本当の理由

安倍《あべ》首相の強みはフットワークが軽いところ

綾織　この収録の前に、仙谷先生より、「幸福実現党の来年（二〇一九年）の戦い方を教えてあげる」というコメントがありました。

仙谷由人　いやあ、それは……。

だから、マスコミのみんなは、（幸福実現党が）十年目で店をたたむのを待ってるから。そう思ってるんで。

「（二〇一九年夏の）参院選で最後の戦いですね」って、みんな思ってるんで、記事もそれを予想して、今、原稿《げんこう》を書いてるから。予想記事？　解散？　「釈さん涙《なみだ》の解散会見」っていうようなところを予想しているからね。

いちおう、それを破らなければいかんだろうね。「安室奈美恵《あむろなみえ》に続いて、釈さんが涙の会見」っていう。

綾織　破るにはどうすればよいでしょうか。

仙谷由人　ああ、破る方法？

綾織　はい。

仙谷由人　うーん……。破る方法ねえ……。うーん、今んところ、難しいね。というかね、もう、枠《わく》は埋《う》まってるんだよ。「自民党か、その対立軸《じく》か」っていう、この人数も決まってるからさ、ほとんど。

●安室奈美恵に続いて……　2018年9月16日に歌手の安室奈美恵は引退した。

で、自民党は、さっき言ったように、「コンクリートから人へ」のところ?　君らも反対はしたみたいだけど、実際、ゼネコンの票とかね、それから、これに関連する下請《したう》けから、もういっぱい取引業者があるからさ。これ、業界筋《すじ》のところはほとんど押《お》さえてるんで。戦後、強くて崩《くず》れない理由は、これなんだよな。

安倍《あべ》さんも、そうやってお金をいっぱい使って財政赤字は膨《ふく》らませて、「消費税は上げる」と言いつつ、自分の代のときだけ何となく（増税時期を）ずらしながら、長く政権を続けているんだけどね。

うーん、まあ、勝てる方法……。うーん……。（安倍首相は）マスコミまでオルグ（相手を引き込《こ》むこと）してるからね。

だから、彼の強みは、今までの政治家になかった、このフットワークの軽さ。頭が軽い分、フットワークも軽いんだよ。だから、営業マンとして採用されたようなところがあって、首相には普通《ふつう》ならないんで。そのタイプはならないんですよ。

首相なら、官僚《かんりょう》からなる人と、あるいは、一般《いっぱん》からなる場合でも、知名度があったり、何か能力があったりして選ばれる場合があるんだけど、彼はそういうのでないので選ばれてるので。〝血縁《けつえん》カリスマ〟で選ばれてるけど、フットワークがすごく軽いから、運動靴《ぐつ》だって売れるはずの人だと思うよ、たぶんね。

そういう人がやってるから、普通の人よりね、すごくフットワークが軽く、営業して回ってるように見えるのよ。これが「強み」のところだね。

自民党と反対のことを言ってファンをつくる共産党

仙谷由人　幸福の科学のほうは、意外にね、ある意味で共産党に似ているんだよ。共産党に似てて、理論的に攻《せ》めてくる。

共産党も高学歴集団なんだけどね。高学歴だけどアウトローの人たちが集まってるのが共産党なんだよな。東大出なんかゴロゴロしてるよ。

でも、理屈《りくつ》ばっかりで考えて、現実のあれは考えてない（笑）。とにかく、自民党が言うことの反対を必ず言う。そうすると、一定の率、反対する人がいるからね。

だから、理論がすごく切れて見えるんだよ。それで、ファンができる。だから、どうしても（自民党を）嫌《きら》いな人は（共産党に）入れちゃう。まあ、それを狙《ねら》ってやってるけど、大きくはならないところはあるね。

で、あなたがたも理論派で全部攻めてるんで。うーん、そうだなあ、だから、幸福実現党と公明党と共産党？　まあ、社民党は、もう駄目《だめ》かもしらんけど、このあたりが、「もう、一つでいい」っていう感じですかね。

綾織　今日の収録自体が、ある意味、〝条件闘争《とうそう》〟をされて出てこられたと思いますので（笑）。

仙谷由人　いやいや、そんなことはない。それは、「お願い」をしながら来てるだけであって。

綾織　ああ、そうですか。

仙谷由人　ええ、ええ。

綾織　「教えてあげる」という言葉だったんですが。

仙谷由人　ああ、そうなの。

釈　仙谷先生の成仏《じょうぶつ》がかかっていると思って……。

仙谷由人　ああ、そう。ええ？　何？　君たちが勝てば、私、成仏できるわけ？

釈　当然です。

仙谷由人　いや、それはうれしいなあ。

綾織　そのアドバイスがよければですが。

仙谷由人　うん、じゃあ、ほかの政党に投票した人は、みんな地獄《じごく》に堕《お》ちるんだあ。

釈　ええ（笑）。

仙谷由人　ああ、すごいこと。これは大変なこと、大変なことだあ。

釈　幸福になりたい人、成仏したい人は、やはり、幸福実現党……。

仙谷由人　習近平《しゅうきんぺい》を超《こ》える権力者が、ここに存在することが判明したなあ。

綾織　いえ、宗教的な功徳《くどく》があると思います。

二〇〇九年の総選挙で、もし、マスコミが幸福実現党を報じていたら……

七海　先ほど、「徳島から大宗教家も出られて」というお話も、チラッとありましたけれども、この幸福の科学グループは、大川隆法総裁が、徳島から一人立たれ、刻苦勉励《こっくべんれい》されたところから始まりましたし、二〇〇九年に幸福実現党が立党したときも、多くは政治経験のない者たちが候補者として立ち上がりました。

自民党の封建《ほうけん》的な動きとはまったく違《ちが》うところで、そういう者たちが立ち上がってきているわけなのですけれども、この幸福実現党の立党からの動きというものを、マスコミの見方とかではなく、仙谷先生ご自身は、どのようにご覧になっていたのでしょうか。

仙谷由人　最初の二〇〇九年は、けっこう勢いはあったわな。だから、マスコミも大々的に報道してたら、二、三十議席は最低でも取れたと思うね。もっと取れた可能性もあります。

ただ、ほかのところは、もっともっと根回しをやってるんでね。あのときは、選挙前に、民主党が勝つのはだいたい決まっていたから。

朝日が、主幹、幹事で、「民主党（政権）に代えてみようか」と。要するに、新聞とかはね、政党が代わるほうが書くことが増えるからね。同じのにずーっと続けられると面白《おもしろ》くないので。話題をつくってくれるんなら、あれだけど。

だから、首相をやってる人とかも、話題をつくらないと、すぐ消されるし、交代が早かったのは、交代すると書く記事があるからね。ずっと続けられると、もうなーんにも書くことがなくなるからさ、ほんと。

田中角栄《たなかかくえい》みたいな人だったら、書くことに事欠かないけどさ、ボヤーッとしたのに出られると、ほんっとに何にも、何にも書くことがないんで、実に困る。部数が落ちていくからね。

だから、交代させる。何かスキャンダルを出しては交代させるっていうのをやる。そうでなければ、野党に代わってくれたほうが書けるので、いいわけね。

で、あのときは、もうほとんど、選挙をやる前から朝日主導で、「民主党政権を一回やらせてみようか」「そのほうが面白いし、今までのも壊《こわ》せるんじゃないか」というのがあった。まあ、選挙は、〝マスコミの遊び〟に使われている。そういうところはあったから。

君らは、ちょっと出るのが遅《おそ》かったから、その根回しが間に合わなかったわけよ。だから、下のほうの現場の記者たちは、「面白いかも」と思ったけど、上のほうは、ちょっと、鈍《にぶ》いからね。そらあ、「根回しは、その五年以上前ぐらいから、ちゃんとやってくれよ」っていうような感じではあって。

来て、挨拶《あいさつ》してね、いろいろと、「こういう考えでやっていきたいんで、お願いしたい」みたいなのを、もっとやってるわけよ、ほかのところがね。自民党以外も含《ふく》めて、ほかのところがやってきているから。

そういうところがあったし、やっぱり、「目玉候補の選び方」が下手《へた》ではあったわね。だから、話題性に欠ける部分……。ここ（目玉候補）をつくれなかったところがね。

「投票するのと信者になるのがほぼ一緒《いっしょ》」と見られている

仙谷由人　「君たちは理論派だ」と言ったけど、その理論派は、一定の比率で教義派だから、要するに、宗教で言うと「原理主義」に相当するわけですよ。現時点は始まったところだから、「原理主義者」に相当するわけだ。
ずーっと時間がたって、もう、一般世俗《せぞく》化した宗教なら、水か空気みたいなものだから、みんな、そんなものは大した影響力《えいきょうりょく》がないと思って、政治的主張だけを見て判断するけども、君らはできたばっかりの宗教だからさ、「一般的には原理主義とほとんど変わらない」というふうに見てるんで。

そうすると、「投票するのと信者になるのが、ほぼ一緒《いっしょ》」というふうに、みんなは見てるわけね。そのへんの怖《こわ》さもあって、なかなか動かないというところはあるわけ。

若い記者とかは応援《おうえん》したい気持ちを持っていても、上が止めるのは、それだし、一般の、今まで投票行動をやってた人たちのなかでは、宗教に対してそんなに開《ひら》いてない方々のほうが数は多いから、そういう人たちは（票を）入《い》れないっていうようなことだよね。

だから、本当は、勝つためにはね、例えば、神社系統の、日本神道《しんとう》系のオーソドックスな保守の層？　まあ、自民に入ってるのが多いと思うけれども、こういう層も取らなきゃいけないんで。もっと取らなきゃいけないし、「仏陀《ぶっだ》再誕《さいたん》」と言っているんだったら、やっぱり、仏教のオーソドックスな層を取り込めないと駄目だろうね。

このへんの層が取り込めないようでは、基本的には勝てるはずがないんじゃないかな。

釈　いわゆる宗教層のところ……。

仙谷由人　そうそうそう。だから、自分たちの固定の新宗教の票だけでは、やっぱり、勝てないと思うし、浮動票《ふどうひょう》としてのシンパ票がそんなにあるわけではないからね。

で、マスコミは、基本的には、政治に関しては距離《きょり》を取って、まずは悪く叩《たた》き始めるのが基本なんで。宗教が出るといったら、「世俗権力」と「霊界権力《れいかいけんりょく》」と、両方を握《にぎ》ろうとしてるように見えるから。

教会なんかもそうだよね。教会で洗礼《せんれい》を受けなかったら、もう、あと、結婚式《けっこんしき》もできなければ、葬式《そうしき》もしてくれないし、埋葬《まいそう》もしてくれない。いちおう、「権力」

はあるわけよね？

そういうふうになってくるからさ、基本的にね。宗教も、権力は権力なんで。

だから、ある程度、みんなが慣れて、風化《ふうか》しなければ、「政策だけでは見ない」っていうところはあって、意外に、正直に言うてるんだと思うんだけど、「裏があるかもしらん」とか、いろいろ思っちゃうわな。

それと、すごく言いにくいんだけど、君たちにとっては不幸なことに、オウム真理教があんな事件を起こしたために、ちょっと同類扱《あつか》いされてしまった。一般の報道では、「ほかの宗教は違います」っていう報道はしてくれなかったからね。

綾織　はい。

仙谷由人　「ほかの宗教は違います」っていう報道をしてくれなかった。だから、オウムがやられたら、新宗教は同じように言われる。

それから、震災《しんさい》とかがあっても、それを助けてるのは、あの「坊主《ぼうず》カフェ」みたいな、伝統宗教のお寺の人がカフェを開いてやっているみたいなのは、小さい記事でいっぱい取り上げてくれる。これは、別にそれで信者が増えたりしないからね、まったく。それは（マスコミは）よく知ってるのよね。増えるんだったら、ちゃんと広告料を取るからね、彼らは取りにくるから。そういうのはやってくれるけど、新宗教がやったって、みんな「宣伝」と思っているから扱わない。

このへんは、「広告料の部分」と「記事」とは、はっきりと部門も別に分かれてるからね。

まあ、概要《がいよう》を言えば、背景はだいたいそんなもんです。

幸福実現党は、政党でなく一種のマスコミと認識されている

釈　日本にはまだ、米ソ冷戦の時代の考え方を持っている人もずいぶんいるのですけれども、一歩外に出て世界を見回してみると、今、世界の流れは米ソ冷戦時代か

ら米中冷戦時代へと大きく変わってきていて、ある意味、すでに戦争が始まっていると言えるような状況《じょうきょう》です。

そのなかで、中国は、世界にとってはたいへんな脅威《きょうい》だということが分かり始めていて、それが分かっていないのは日本だけという感じになっています。財界でも、「一帯一路《いったいいちろ》」といえば、「商売のチャンス」というようなイメージです。

こうした世界の大転換《だいてんかん》において日本が生き残るには、まさに、幸福実現党の指し示している方向しかなくなっているのが実態かと思います。私たちは、このような大局的な流れのなかで戦っており、まさに、そこに天命があると信じています。

仙谷由人　うーん、まあ、第三者として言わせていただくとね、みんな、明確に認識しているわけじゃないんだけども、幸福実現党っていうのは、政党として認識されていないんだよ。そうではなく、「マスコミの一部」のように見えてるんですよね。

●一帯一路　中国の習近平国家主席が推進する「陸のシルクロード（一帯）」と「21世紀海上シルクロード（一路）」の２つの経済・外交圏《けん》構想。アジアインフラ投資銀行（AIIB）などを通して、関係国に道路や鉄道、港湾《こうわん》、通信網《もう》などのインフラ整備を行い、新たな経済圏の確立を目指している。

マスコミ的な動き方をする、情報を発信する、政策発信をしていくけど、これはマスコミ的に意見を言っていて、ほかの新聞がパクれるような内容をいっぱい発信していくよね。だから、マスコミにちょっと足が生《は》えたような感じにしか見えてないっていうのが現実なんだよな。

だから、実際の政策担当能力者としての実務？　官僚たちを使いこなして、この国の進路を任せられるかっていうところになると、やっぱり実績がないし、集まってる人たちのことは、要するに、まあ、「（選挙に）出ているのは支部長とかでしょう？」って。

だから、「宗教の支部長が立候補して、伝道のついでにやってるだけでしょう？」「お寺の住職《じゅうしょく》さんが立候補しているのと一緒でしょう？」「『檀家《だんか》を増やしたい』『有名住職になりたい』と思ってやっているんでしょう？」みたいな感じに見えてるわけよ、客観的にはね。

支部長等を立候補させるのは、お金がかからないから便利でいいんだろうし、それは分かる。まあ、支部のなかでは支部長の知名度がいちばん高いんだろうとは思うけれども、それはあくまでも、「信者の票狙い」だったらそういうことになるわけだな。

私から言わせれば、一般の票を取ろうとするんだったら、やっぱり、それは踏《ふ》みとどまって、支部長は出ない。〝応援の部隊の長《ちょう》〟でいてもいいけれども、地区にいる人のなかで、政策に共感してくれてちょっと目立つ〝目玉候補〟をリクルートしてきて、そちらのほうを立候補させ、「支部長以下がみな、裏から応援をしていく。そんなに表立たないように上手にやりながら応援をする」っていうスタイルのスキルができないと、この一般票が入らないんだよな。

これを言うのは気の毒だと思って、なかなか言いにくいんだけど、君たちの支部長が何回立候補しても、信者の投票率は、支部長の人気度を測るために使っているぐらいにしかすぎないんだよ。そういう意味で「外向き」じゃないんだよな。

釈　はい。「政治家適性があるかないか」ということが見えているところもあるので、すでに支部長を擁立《ようりつ》する流れではなくなっています。

仙谷由人　だけど、全国的に、有名な候補者なんか一人もいないじゃん。

釈　はい。

仙谷由人　ね？　それを呼べないっていうところは、やっぱり、「出ても負ける」と思ってるから来ないところもあれば、それを取り込むだけの、まだ、宗教として力がないところもあるわな。

だから、普通はみんな自腹ででも出るところをね、いろんなものを面倒《めんどう》見てくれる。そういう、「組織」も「票」もついていても出られないっていうあたりは、まあ、ある意味で、やっぱり、安倍さんみたいな〝営業マン的な能力〟が足りないんじゃないだろうかね。

そういう、人を籠絡《ろうらく》していくっていうかな、「取り込んでいく力」がなくて、宗教のほうの「排斥力《はいせきりょく》」、「異端分子《いたんぶんし》」を出していく、そちらのほうが強く、潔癖《けっぺき》な宗教のために、まあ、(釈に) あなたは「ピュア」っていう言葉を私に使ってくれたけど、ピュアなために入らないし、一般の応援も入りにくいっていう感じかな。

釈　今、幸福実現党の隠《かく》れファンだった方が、だんだんカミングアウトしつつあるような時代になってきています。

仙谷由人　それは、君が自分に対する反応ばかり見ているから、そういうふうに見えているが、マクロ (の目) がちょっと足りてないね。

釈　マクロから見れば、実際はそうかもしれません。

仙谷由人　公明党なんかを見てごらんよ。創価学会《そうかがっかい》のなかでの役職で出してるわけじゃなくて、一般受けするような候補ばっかり選んでるじゃないか。女性でも、美人で、さらに経歴のいい人とか、男性でも、弁護士の資格を持ってるけどルックスのいいやつとか、そういうのを一生懸命《いっしょうけんめい》担《かつ》いでいるし、あるいは、信者でなくても通りそうな人？　池坊《いけのぼう》（保子《やすこ》）だ何だとか、まあ、そういう組織票を持っていそうなのを担いだりとか。

このへんの〝下のほうの人間通《つう》〟っていうかな、普通の下世話《げせわ》な意味での「人間通」なところはあるわな。

君たちは、ある意味で「エリート主義」なんだろうと思うよ。そういう意味での、純粋《じゅんすい》な。だから、共産党とよく似てんだ。本当によく似てんだよ、ある意味で。内容は違うけど。

綾織　「共産党宣言を引っ繰《く》り返そう」という意味では、ある意味、似ているところはあると思います。

仙谷由人　そういう意味では、似てるんだよね。あれもエリートだと思ってんのよ、共産党もね。

綾織　ああ、なるほど。

仙谷由人　「自分らが人類を導くエリートだ」と思ってる人たちだからさ。だから、ここはね、あなたが「一般の人から人気が出てきている」と思ってるのを、本当の客観的な力として政党のほうに反映するには、今のような速度で行くと百年かかるよ。もうちょっと頑張《がんば》らないと、行かないね。

綾織　はい。ありがとうございます。重要なポイントを教えていただいたと思います。

仙谷由人　だから、「来年解散はしません宣言」をやらないといけない。フッフフ（笑）。

「護憲」を言っていれば、ある程度の議席は取れる

釈　仙谷先生は、若い人を育てるのがけっこうお好きだったとも聞いています。そういう意味で、立憲民主党は日本の政界に見られるような、政治家のご令嬢《れいじょう》ご令息ばかりの世襲《せしゅう》政治ではないかもしれないですが、未来の日本を考えたときに、育てたい政治家、政党が立憲民主党のようなものでよいのでしょうか。仙谷先生はお亡《な》くなりになって、あの世へ還《かえ》られるわけですけれども、今までの日本の政治の状況がそのまま続いて、それでよいと思われますか。

仙谷由人　うーん……。でも、「憲法を変えたくない」っていう人は、アバウトに見ても、だいたい半分ぐらいは存在はするだろうから、それを言い続けるだけでも、一定の勢力が取れることは確実ではあるわな。

釈　その改憲を考えたくない人が半分もいて、そうした人は、どちらかというと先生と同じようなご世代の方が多いかもしれませんが、やはり、時代が変わってきているというところは……。

仙谷由人　いや、そういう人が政権を取った場合はね、「尖閣《せんかく》に中国軍が上陸してきたら、そのときはそのときで考える」みたいな（笑）、まあ、たぶんそうだと思うよ。考えてないと思う、たぶんね。

だから、「護憲」を言っておれば、ある程度の議席が取れるとか、まあ、だいたいそういうことなんじゃないの？

実は、マスコミにはすごく繊細《せんさい》なところがあり、守旧派が多い

七海　釈党首からもお話があったように、かつては日本国内だけを見ていればそれでよかったかもしれませんが、今は、米中の関係、中国の台頭といったものを考えたときに、そのままではいけなくなっていると思います。

先ほど、仙谷先生は、幸福実現党、幸福の科学については「先見性があった」というお言葉も使われていました。私たちもなかなか未熟なところばかりではありますが、幸福実現党がこうした問題について勇気を持って発言している、啓蒙《けいもう》している、オピニオン発信をしていることについては、どのような見方をしていらっしゃいますか。

仙谷由人　うーん、もう一つ言わせてもらえばね、まあ、君たちは「マスコミ的政

党」だよ、ある意味でね。

だけど、日本のマスコミって、すっごい繊細《せんさい》なところもあるんだよね。ワンパターンにしておれば崩れることはないので、護《まも》られてるような感じで続けられる。

要するに、守旧派が多いのよ。マスコミはどこも、それぞれの立場での守旧派が多い。

だけど、この前の「新潮45」か何かのね、休刊があったように、ＬＧＢＴの差別のやつを一個載《の》せたっていうんで、伝統ある月刊雑誌が休刊になる。あれを見たら、マスコミもどれほど繊細で弱いかっていうのが分かるやろう？　大胆《だいたん》なことをやると潰《つぶ》れる可能性がマスコミもあるわけよ。そのリスクが怖いわけ。とっても怖いわけよ。

書くほうは、「面白いことを書いたほうが売れる」と思うけど、現実に経営の立場になると、目が届かないところで面白いことを書かれたら、潰れる可能性があるっていうか、その弱点を見て撃《う》ち込んでこられて、周りがワアワア言い出して炎上《えんじょう》

●「新潮45」……　2018年7月18日発売の「新潮45」8月号に杉田水脈《すぎたみお》衆院議員が寄稿した、LGBTへの支援を疑問視する意見に対して批判が続出したのを受け、9月18日発売の10月号に「そんなにおかしいか『杉田水脈』論文」という特集を掲載するも、批判はさらに強まり、9月25日、新潮社は「新潮45」の休刊を発表した。

してくると、休刊ということになって、下手したら潰れる。特に、活字を読まない人が増えてるから、新聞も雑誌も、まあ、同じだよな、その意味で。

だから、すごく繊細なところがあるんだよ。この繊細なところを、「マスコミ的政党」である君たちには分かってないところがあると思うよ。

（幸福実現党は）大胆なんだよ。とっても大胆で勇気があるよ。とても大胆で勇気がある。

ただね、その大胆で勇気がある理由はね、宗教がついてるからなんだよ。裏に宗教がついてるから、政党としてすぐに〝倒産〟しないっていう強みがあるんだよ。それは感じ取ってるんだよな。

「本当に大胆で勇気のある人たちがやっているのか」、そうじゃなくて、「後ろに宗教がついてるから、潰れないから言えているのか」。このへんのところを微妙《びみょう》に嗅《か》ぎ分けてるところがあるので。要するに、マスコミだって、「自分らもそのくらいのことを言ってみたいな」と思いつつも、書いたらどうせボツにされて、上が

「これじゃ危ないからやめておこう」っていう感じのあれだろう？

例えば、一世を風靡《ふうび》した花田《はなだ》（紀凱《かずよし》）さんが、今は月刊「Ｈａｎａｄａ《ハナダ》」をつくってるけど。あの（雑誌の）「マルコポーロ」か何かをつくって、「アウシュビッツはなかった」みたいな記事を一つ載せたら、ユダヤ団体から、「それはないんじゃないか」っていう抗議《こうぎ》が来て、廃刊《はいかん》になって辞《や》めちゃったよね？「文藝春秋《ぶんげいしゅんじゅう》」を辞めちゃって、一回朝日のところへ行って、それからまた自分で独立して」、みたいになった。だから、マスコミって、記事一つでけっこう潰れる恐《おそ》れがある、あれなんで。

まあ、「アウシュビッツはなかった」っていうのは、実際、無理はあったわな。どう見ても歴史的事実としては、あれはあるからさ。

綾織　そうですよね。

●アウシュビッツ　第二次世界大戦中の1940年にナチスによってつくられた強制収容所のこと。ユダヤ人など数百万人が虐殺されたといわれる。

仙谷由人　そういう意見を持つ人はいてもいいけども、まあ、歴史的事実としては、やっぱりあったことはあったわな。だから、あれで廃刊になっちゃった。

今回、ＬＧＢＴのやつは、本当は結論は分からない。載ってる論文が正しいか正しくないかはね。「生産性がないから、そういう人に税金を注《つ》ぎ込むのは惜《お》しい」っていうのは、自民の保守派から言や、もしかしたら、正論かもしれない。「子育てして人口を増やしたい」っていうのを思ってる保守層から見ればね、正論かもしれないけど。

けれども、そういうところから「弱者いじめだ」っていう声が出てきたら、もうマスコミとしては、「弱者いじめ」っていう批判に耐《た》えられないところがあるのよね。

だから、君らも、政党としては弱者だと思ってるところがあるんだろうと思うけれども、「政党としては弱者」だけど、「マスコミ的政党」、要するに、「一部マスコミとして考えれば、弱者じゃない」んだよな。強いんだよ。とっても強いところがあるから。

マスコミが怖《こわ》がることも「堂々と言う」幸福実現党の強さ

仙谷由人　大川総裁がドイツへ行って、中国包囲網《ほういもう》を提唱して、「(中国は)ウイグルではアウシュビッツみたいにやっとるぞ」と言っても、堂々とそれでやれるじゃない？　それは宗教の強さだよね？

綾織　はい。

仙谷由人　だけど、マスコミの場合はとっても怖《こわ》いわけよ。だから、そういうのは、スポーツ紙には載せてくれるかもしれないけど、大手紙の場合は、もし載せたら、それは中国から弾圧《だんあつ》が入るわけ。「支局を閉鎖《へいさ》」とかね、「取材させないよ」とか、今後、こういうのはいっぱい出てくるわけね。そうする

●ドイツへ行って……　2018年10月7日、ドイツ・ベルリンのホテル ザ・リッツ・カールトン ベルリンで、“Love for the Future《ラヴ フォー ザ フューチャー》”と題して英語講演と質疑応答を行《おこな》った。『Love for the Future』(幸福の科学出版刊)参照。

と困るから、書けなくなってくる。まあ、そういう配慮《はいりょ》もあって。

あなたがたが嫌いだから書かないだけじゃなくて、中国のほうから、「おまえらメジャー紙は（中国に）入れさせない。取材させないぞ。それでいいのか。何かのときに特オチするぞ」というようなことを言われる。やっぱり、そのへんの条件交渉《こうしょう》があって、スポーツ紙だったら見逃《みのが》してもらえるとか、まあ、それとちょっと似たところがあるの。

だから、（幸福実現党の）政策が、ある意味で、硬派《こうは》で先進的で当たってるだけに、扱えないところがあるわけよ。マスコミ的宗教として、すごい強みを持っているがゆえに、繊細なマスコミは扱えなくて。要するに、「潰れるのが怖い」から扱えない。

マスコミ陣《じん》のなかの、守旧派の保守的な人たちは〝怖がって〟いて、世間《せけん》がみんな安全で「ゴー」で、「みんなが横断歩道を緑になったと思って歩き始めたら、後追いで書こうか」ぐらいの構えのところはある。テレビも同じところはあるね。怖がり。すっごい怖がり。怖がりだよな。だから、このへんだよね。ここらへんは難しい。

綾織　はい。

釈　非常に勉強になりました。

仙谷由人　知らないだろう？　考えてなかったことだろうな。

釈　ええ。ありがとうございます。

仙谷由人　「弱い」と思って、「もっともっと、やらなきゃいけない」と思ってるんだろう？　強いんだよ、実は。

釈　なるほど。

仙谷由人　本当にとっても強いんだよ。ある意味では、「朝日」や「読売」より強いんだよ、本当に。

綾織　なるほど。

釈　非常にありがたいアドバイスを頂き、ありがとうございます。

仙谷由人　そうだろう？

それで、いちおう、昨日《きのう》（二〇一八年十月十九日）聞いたことだけども、おたくに出家《しゅっけ》した清水富美加《しみずふみか》（法名・千眼美子《せんげんよしこ》）さんか？　ま、私はそんなによく知らない方だけども、こちらに出家する前に撮《と》った映画でお蔵入《くらい》りしてたやつが、三年ぶりに「清水富美加」で出るっちゅうんでしょう？　だから、「女優としては、まだ現役《げんえき》で活躍《かつやく》できて、周りがそれをいちおう受け入れたらしい」っていうのが分かってきたら、三年たって、やっと、お蔵入りしていたのが出てきてかかるようになった。

綾織　はい。

仙谷由人　それほど〝弱い〟んだよ。

綾織　なるほど。

仙谷由人　繊細なのよ、批判に。ものすごく繊細なんで。

●出家する前に撮った映画……　映画「ごっこ」（2018年10月20日公開／パル企画）のこと。原作は同名の漫画。

映画でさえ、いちおうマスコミの一部なんだよ。彼らだって、そういう〝炎上《えんじょう》〟される感じの批判がいっぱい集まったりしたら、本当に上映できなくなってくる怖さを持ってる。

本はもうちょっと読む人が少ないから、批判を受けるのにもう一段、鈍さがある。読まないと批判できないからね。一冊読むの大変だから、批判できない。

「ザ・リバティ」だってさ、いっぱいパクられながらさ、部数が少ないために、パクったことがほかの人には分からないわけよ。国民の九十九・九パーセントは、パクったことが分からない。

これを、もし、テレビとかで報道してたら、十パーセントぐらい観《み》ているから、すぐ、「あれ、パクったね」って分かっちゃう。このへんがあるわけよね。

綾織　はい。さまざまに知恵《ちえ》に富んだアドバイスをありがとうございました。

7　仙谷由人氏、死後の「弁明」

「ちょっと危ないなあ」と死後の行き先を恐《おそ》れる仙谷氏

仙谷由人　閻魔《えんま》様によろしく言ってくれる？

綾織　（笑）そこの部分なんですけれども、おそらく、今後、数週間の間でいろいろな経験をされると思います。

そのなかで、やはり、いろいろとアドバイスをしてくださる方も出てくると思うので、そういった方々の声を聴《き》いて素直《すなお》に前へ進んでいくと、おそらく、「明るい部分」も出てくるのかなと思います。

霊《れい》としての自覚も非常にありますし、信仰心《しんこうしん》があるというように、ある意味、言ってもいいのかなと思います。

仙谷由人　あっ、私？

綾織　はい。

仙谷由人　ああ、ありがとう！　そうか。それはよかった。〝お墨付《すみつ》き〟を頂けたら。じゃあ、「ザ・リバティ」に、「仙谷由人、信仰告白。信仰心の篤《あつ》い政治家であった。天国行きは確実！　〝当確〟！」とか、打ってくれよ（笑）。打ってくれ。当確、当確。

綾織　やはり、四国の政治家でいらっしゃいますので、宗教には縁《えん》がある方だろうと思います。

仙谷由人　いや、今、恐《おそ》れているんだよ。「ちょっと危ないなあ」と思って恐れてるから。

綾織　ああ。

釈　やはり、「仏を信じる」と、最後に一言《ひとこと》おっしゃると、グッと変わると思うのですけれども。

仙谷由人　うん、まあ……、徳島・城南《じょうなん》高校、東大法学部卒。まあ、政治もやって、それは……。ねえ？　本当は仲間でやってもよかったぐらいだよな。

綾織　そうかもしれません。

仙谷由人　民主党を応援《おうえん》してくれてたら、もっと仲良くなれたのにな。

綾織　そこはちょっと難しいんですけれども。

七海　おまけに、二〇一〇年に収録した霊言《れいげん》、そのときは守護霊《しゅごれい》様の霊言でしたけれども、「万一《まんいつ》のときは（民主党と幸福実現党の）連立政権を」ということをチラチラと言われていました。

仙谷由人　いや、それは切り崩《くず》すための常套《じょうとう》手段だけど。まあ、いちおうそうなんで。

七海　なるほど（苦笑）。

●二〇一〇年に収録した霊言……　前掲『国家社会主義とは何か』参照。

仙谷由人　批判を弱めさせるためには、そういうふうに言うもんで。安倍《あべ》さんだって言うぞ。うん。

「コネを利《き》かせてくれないか」と交渉《こうしょう》を始める

綾織　以前、収録したときは守護霊霊言だったわけですけれども、その守護霊さんとはお会いになっていませんか。来られていないですか。

仙谷由人　うん、ああ、そうか。守護霊ね……。ちょっとねえ、私の頭のなかに、宗教的な知識としてそういうものがあんまり入ってないので、もうひとつよく分からない。

綾織　おそらく、この九日間でも、親切にしてくださる方がいたと思うのですが、何かアドバイスをしようとされている方とか、身近に感じるような方はいませんでしたか。

仙谷由人　ああ……。うーん……、誰《だれ》が守護霊してたんだろうね。うーん……。まだね、頭にこの守護霊のシステムが入ってないので、もうひとつよく分からない。まあ、そういう人は多いんだよ。訊《き》いてみたら、みんな、「知らない」って言ってるから。あなたがたが「●魂《たましい》のきょうだい」だ何だと言うけど……。

綾織　団塊《だんかい》の世代の方は、戦争で亡《な》くなって、戦後、そのまますぐ生まれてきたパターンがけっこうあるのですが、その可能性はありますか。

仙谷由人　ああ、なるほど、なるほど。

●魂のきょうだい　人間の魂は、原則として「本体が１人、分身が５人」の６人グループによって構成されている。これを「魂のきょうだい」といい、６人が交代で、一定の期間をおいて違う時代に地上に生まれてくる。

綾織　ご自身の前世《ぜんせ》で、戦争の経験はしていませんか。

仙谷由人　いやあ、それは、君たちが言う、〝お白洲《しらす》〟に出されて、生前の所業を見せられて反省させられる、そこまでまだ行ってないので。

これから先、行く……、今、もう近づいているらしいんだけど、紙芝居《かみしばい》なのか、映画なのか、これは私には分からないんだけど。うん。

綾織　そうですね。そういう振《ふ》り返る機会を持たれると思います。

釈　いわゆる「照魔《しょうま》の鏡」も見るでしょうから。

仙谷由人　何か来るらしい、近いうち。近いうち、今、(死後) 九日だから、うーん……、まあ、たぶん、長くても四十九日《しじゅうくにち》ぐらいまでには何かが来るらしいんだけ

●**照魔の鏡**　生前の行いと思いを映し出す鏡のこと。幸福の科学の霊査《れいさ》によると、人間は、死後、先に亡くなった縁ある霊人に見守られ、自分の人生を映し出す鏡を見つつ生前の清算をし、自分の行くべき世界（天国・地獄）を決めるとされる。現代では、鏡ではなく、映画のスクリーンのようなものを使う場合が多い。

どね、よく分からない。まだ地上を徘徊《はいかい》してはいるんで。だから、助けてもらいに後輩《こうはい》にすがりに来ていると言やあ、まあ、そのとおりで。「コネを利《き》かせてくれないか」と、お願い……。

綾織　単なる後輩ということではなく、やはり、大川隆法総裁、主エル・カンターレにおすがりするというのは、正しいことであると思います。

仙谷由人　いやいや。おすがりするだけじゃなくて、本当に、お願いし、お称《たた》えし、尊敬し、持ち上げたい気持ちは、もういっぱいで。徳島県が生んだ偉大《いだい》な方であるから、やっぱり、その方がつくった宗教が大きくなり、徳島県から出た方がつくった政党が、また次の日本を支えるようになってくだされば、それはとってもいいことだなと思ってますよ、今はね。私は、何の責任もない立場としてはね。

綾織　はい。尊敬し、その偉大な宗教家を信じますか。

仙谷由人　まあ、とにかく助けてほしい。とにかく、どうやったら、こう、バーを越《こ》えられるのか、それだけは教えてくれないと。

綾織　「信じます」という一言があれば、かなり違《ちが》います。

仙谷由人　だから、閻魔様が「地獄《じごく》へ堕《お》ちろ」と言っても、これだけ偉《えら》い教祖なら、いざというときは、「いや、閻魔様がそう言ったって、私が助けますから」って、つかみ上げてくれるぐらいの力はあるんじゃないか。

綾織　逆に、その力をつかむご自身の力も必要です。

仙谷由人　いや、君たちの政党を応援して、何票取ったら上がれるんかね。

七海　来年の参議院選挙に向けて、今、幸福実現党では比例で百五十万から二百万票を目指しながら活動しています。

仙谷由人　百五十か。もうちょっと武器が足りない感じがするな、今のままでは。

綾織　うん。

仙谷由人　マスコミの取り上げもちょっと足りてないから、ちょっと、うーん。一人ぐらい口説けないのか、もうちょっと話題性のあるの、一人か二人。

綾織　それは、確かにそのとおりだと思います。

仙谷由人　うーん、いや、一人で百万票ぐらい取るのもいるからさ、ほんとに。

「票のために宗教へ挨拶《あいさつ》回りをしていた不純さ」を認める

綾織　今、胸の内から湧《わ》いてくるものというのは、何ですか。

釈　「素直な思いになったときに、どうか」というところが、あの世に還《かえ》れるかどうかの……。

仙谷由人　いやあね、いちおうね、まあ、徳島県はともかくとしてもね、この世的には、東大から弁護士になって、政治家になって大臣まで経《へ》て、「陰《かげ》の総理」とまで言われて、もうちょっとで総理になったかもしらんというところまで行けたっちゅうことは、そこそこ成功できたわけだから、それは「以《もっ》て瞑《めい》すべし」で、普通《ふつう》は、よき人生であったと言えるかもしれないんだが。
まあ、死んでからあと、考えてみると、やっぱり、「何かが足りなかったのかなあ」と思うことはありますよ。

綾織　うーん。

仙谷由人　その足りなかった「何か」っていうのは、やっぱり、この世的な価値観とは違うものが、もう一つあったのかなと。
だから、政治家として、宗教対策でね？　票集めが必要だから、いろんな宗教、新宗教……、新宗連とか、いろんなところに挨拶《あいさつ》回りもしたし、挨拶もしたことはあるし、持ち上げたこともあるし、いろいろしたけども、「純粋《じゅんすい》な信仰心からやった」というところまでは行かなかったことは事実なんで、「票」のためにやりました。

綾織　はい。

仙谷由人　大部分の代議士は、自民党も含《ふく》めて、たぶんそうだろう。

綾織　そうですね。

仙谷由人　おそらくそうだろう。だけど、そこが不純で、やっぱり、たぶん何か穢《けが》れがあって、みんな、死後、反省させられるところなんだろうと思うんで。

綾織　はい。

仙谷由人　何か、まあ、このへんだな。やっぱり、政治家って、この世的になりますけどね。必ずこの世的になるんだけど、政治家活動をやりながらも、人間、もうちょっと純粋なものも何か持ってなきゃいけないんだなっていうことは、今、感じてますよ。

綾織　なるほど。

仙谷由人　閻魔様、今は感じてますよ。ええ。

生前、大川隆法総裁と会ったときの印象を語る

綾織　霊としての自覚もあられますし、あの世の世界においては、信仰というものがいちばん価値があるものだということを……。

仙谷由人　うん。ああ、もう一段、ここを上げないと駄目《だめ》なのかな、やっぱり。駄

目なのかなあ。

綾織　はい。その方向で考えられるとよいかと思います。

仙谷由人　いやあ、幸福の科学っていうのは、それはもう、来世紀は世界を主導している宗教だと思うな。

綾織　（笑）まあ、ありがとうございます。唯一《ゆいいつ》、大事なのは、信仰、「信じる」というところですので、おそらく、この数週間、その部分をご自身で考えられれば、必ずまた今後の「新しい人生」が始まると思います。

仙谷由人　いや、大川さんには一回ぐらいしか会ってないけれども、会った感じでは、とっても親切で、礼儀《れいぎ》正しくて、優《やさ》しい方で、私が生前、誤解してた面はあったかなと、本当に思っていますから。いやあ、ご立派な方なんじゃないかと思っています。本当に「郷土の誇《ほこ》り」だと思ってます。はい。

釈　お声をかけていただける方なんか、なかなかいらっしゃらないんですよ。

仙谷由人　ああ、そうなんですか。

釈　ええ。本当に、仏が救いの手を伸《の》ばされましたので、その手をしっかりとつかまれて……。

仙谷由人　いやあねえ、いやあ、いや、やっぱり、政治家なのかなと思ったけどね。何か、私みたいな落選した人間に、「先生、お先にどうぞ」と言ったから、「よく言うな」と思ったけどね、ほんとにね。

釈　大川隆法総裁先生は、たいへん礼儀を重んじられていますので、郷里の先輩ということで立てられたと思いますが、霊的な目で見たときは光の塊《かたまり》でいらっしゃいますので、ぜひ、仏についていって旅立たれますように……。

旧民主党内で幸福の科学信者の議員に〝棄教《ききょう》〟を迫《せま》ったことを弁明

仙谷由人　君たちの宗教を理解するのは、もう、何年もかかると言われてるから、そんな簡単ではないけどね。

まあ、政治家もあるし、会社の社長もあるし、あるいは芸能人とか、いろいろあるけど、この世的にあんまりもてはやされた人は、「すごく偉い」と、みんな思って、神みたいな気持ちになるんだけど、実際上、違う場合があるから、そのへん、もうちょっと謙虚《けんきょ》でなきゃいけないよね。

君たちが政界に出てしまったために、ある意味で、この世的に見えてしまっている面もあるかもしれない。そのへんについては、政治家で私の言ってることを聞いたり読んだりなされる方がいたらね、まあ、（幸福の科学は）政界での「ライバル」とか「敵」だとかいう見方もあろうかとは思うけれども、いや、それとは別に、「宗教的な真理としては、掘《ほ》り下げて学ばねばならんことがあるんだ」っちゅうことは知っといたほうがいいと思う。

もちろん、民主党にも、幸福の科学の信者とかファンはだいぶいましたから。

綾織　はい。

仙谷由人　そういう人に〝棄教《ききょう》〟するように迫《せま》ったこともあったことは事実であるので。それについては、いやあ、閻魔様のところへ行く前に反省しておきますけど、まあ、それは立場上、ちょっとそういう立場だったので、宗教の対策窓口の立場をやってたので、やらざるをえなくて。

「それで幸福の科学がこっちに来てくれればいいな」と思ってやったところもあったんで。それを言われたら……、「こんなことをされてるぞ」って言ったら、「じゃあ、そっち、やっぱり行くか」と。創価学会《そうかがっかい》と仲悪いんだろうから、来てもいいのにと思ってるのに、あくまでも独立独行《どくりつどっこう》で行こうとなされるから、孤軍奮闘《こぐんふんとう》、今、なされてるだろうし。

民主党から立候補された信者の方だって、足場を取られたようなところがあるからさ、政党を立てられてね。だから、ちょっとかわいそうなところもあるんで。信仰を持ってる人は、民主党の議員にもいたからさあ。ちょっとそのへん、競争原理に入ると、宗教として、すべての人を抱《だ》き込《こ》めないところもあるんでね。

まあ、いろんな宗教に開こうとしていらっしゃるのは分かるんだけど、それが浸《しん》透《とう》するにはちょっと時間がかかるかもしれないね。

だから、キリスト教みたいに、「いろいろ種類があっても、キリスト教はキリスト教」みたいに認識してもらえるには、まだ早すぎる感じはするからさ。

万が一《いつ》、その、何と言うか、いずれかの年に天国に上がれることがあったならば、あなたがたの応援ができるようになりたいなと思います。

綾織　ぜひ、お願いいたします。

仙谷由人　万が一……、万が一でもないかもしれないが、予想されるより、地獄で反省……、刑《けい》が分からないけど、何年、何十年、何百年の刑かちょっと分からんけど、そういうことを言われた場合には、徳島で選挙運動するときに、一言、「亡き仙谷先生の霊も、ぜひとも、お聞きください」とか、「ご成仏《じょうぶつ》ください」みたいな一言を申し添《そ》えてくだされば、「応援ください」とか何か一言申し添えてくれれば、そのたびに、何かこう、上がれる可能性はあるかと思います。

8　幸福実現党への「戦い方」のアドバイス

野党勢力の取り込《こ》み戦術をアドバイスする

七海　話をお伺《うかが》いしていて、アメリカではなく中国に寄っていった背景として、ある意味、原爆《げんばく》への怒《いか》りがあったなど、正義感がお強い方であったということや、本当に一生懸命《いっしょうけんめい》にされていたところ、純粋《じゅんすい》に思われていたところがあったということを感じさせていただいています。

私どもも、民主党政権に対しては激しく言っていたときもありましたが、そういう背景もお聞きしながら思ったことがあります。今、政治が大きな岐路《きろ》に立っているなかでもありますので、仙谷先生の思いを継《つ》がれるような政治家も多くいらっしゃいますし、今の立憲民主党や、「自民党では嫌《いや》だけれども、どうしたらいいか」

と思っているような方々に対して、改めて何かお言葉を頂けますでしょうか。

仙谷由人　まあ、（幸福実現党は）自民党のほうの政策が近いんだろうとは思うけど、自民党の票を取るのはかなり難しいだろうと思うよ。

実際上、あっちに入れちゃうから、やっぱりね。政策が一緒《いっしょ》だったら、あっちに入れるから。だって、入れれば必ず代議士になるし、大臣になっていくと思ってるから、あっちに入れるんで。

まあ、ちょっとテクニック的で、本当は地獄《じごく》的なのかもしらんけども、やっぱり、「立憲民主党」とか「社民党」とか、あるいは「公明党」とか、うーん、共産党の（票）は取れるかどうか分かんないけど、「共産党」とか、その他、まあ、維新《いしん》の会みたいなのか？　「維新の会」とか、「希望の党」ってまだあるのかね？　なくなったかな。

綾織　存在しています。

仙谷由人　次は、なくなる可能性があるな。あのあたりは、〝草刈《くさか》り場〟にしなきゃ駄目《だめ》なんで。

本当は、自民に対するアンチ風に……。まあ、批判してるかもしれないけども、取る票はこちらの側だと思うよ。こっちから取らなければ、票は取れないと思うから。「立憲民主党」、「維新の会」、「希望の党」、「社会民主党」、このあたりは、やっぱり切り崩《くず》さなきゃいけないから。

釈　ありがとうございます。

仙谷由人　作戦としては、政策を立てていくときとか、運動や標語とか、ポスターを貼《は》るときに、このあたりにどうミートしていくかをやらないと。

まあ、「憲法改正賛成」は構わないとは思うけど、ただ、それだけだったら〝自民党の追い風〟になって、自民党の票に入るから、ちょっとそれは損をするかなという気はしますね。

釈　そうですね。

仙谷由人　だから、「差別化」が十分できてない。

「百人の応援者《おうえんしゃ》がいて、票を入れてくれるのは一人」

七海　お亡《な》くなりになってから数日で、「霊《れい》になったことを認めざるをえない」というようにおっしゃいましたけれども、宗教が壁《かべ》になっている方々に対し、今、思われていることがありましたら、お願いいたします。

仙谷由人　だから、納得《なっとく》……。

これ、やっぱり生まれつき、宗教的に「ちょっと近い人」と「距離《きょり》がある人」もあることはあるんで。（宗教的に）「遠い人」を近づけるのは簡単ではないね。

だから、理系でもすごく遠い人はいるしね。頭がよくても遠い人もいるし、確かに、法律とかもやりすぎると、ちょっとそんな頭になっちゃって、そういう情緒《じょうちょ》のところが薄《うす》くなっていくから駄目だし。

（七海に）君、結婚《けっこん》したんだって？

七海　はい。

仙谷由人　君、結婚したの？　彼、信者になった？

七海　はい。

仙谷由人　なってくれた？

七海　はい。

仙谷由人　やるじゃない。なかなかやるじゃない。ああ、そう。

釈　とても素敵《すてき》な人です。

仙谷由人　何か、苦戦してるという話を聞いてたのよ。

釈　いや、大丈夫《だいじょうぶ》です。バッチリです。

仙谷由人　そうなの？

釈　はい。

仙谷由人　ふーん。まあ、そのくらいの魅力《みりょく》はなきゃ駄目だな。彼ぐらい口説けないようでは、そりゃあ、ほかの人は無理だけどな。まあ、ちょっと頑張《がんば》らなきゃいかんが。

とにかく、境界線のところをね、何とか乗り越《こ》えていかないと……。

まあ、映画とかもやってるのも、そのへんの工夫《くふう》なんだろうけど、境界線を乗り越えて、何とか、「応援《おうえん》してもいいかな」と思う人を増やさなきゃいかんわな。

だから、百人、応援者がいてね、（票を）入れてくれるのは一人ぐらいなんだよ。これが現実なんだよ。厳しいんだよ、新しく当選するっていうのはね。

百人の応援者がいて、実は、入れてくれるのは一人なんだよ。あとの九十九人は、「いいね」って言いながら、ほかの人に入れるんだよ。それは、今までですでに支持してた人たちか、〝ブランド政党〟に入れるわけよね。

だから、どうせ宝石を買うなら、ティファニーの宝石のほうがいいわけで、「実際は、うちのダイヤのほうが、同じ値段で大きいです」と言われても、やっぱり、ブランドがあるのを買っといたほうが、何か値打ちがあるように思うじゃない？

まあ、これとまったく一緒なのよ。心理的には、ほとんど変わらないんで。百人、応援してくれて、入るのは一つ。

この厳しさを乗り越えなければいけないんで。

一般《いっぱん》の人への「優《やさ》しくて人当たりのよい普通《ふつう》の言い方」を指南

仙谷由人　自分らが気がついていない弱点としては、別な意味で「共産党」と一緒で、理論派で、エリーティズム（エリート主義）で、頭がいいと思いすぎてるために、若干《じゃっかん》、人の心をつかみ損《そこ》ねてるところはあるんで。
それから、自分たちが強すぎるところも、実は知らないでいるから。

まあ、このへんね、打ち出し方、見え方をもうちょっと上手にやったほうがいいと思いますね。

だから、日本国憲法とかもね、「憲法改正！」って言うだけだと強すぎるんだよ。強すぎるんだよ。

そうじゃなくて、「日本国憲法は非常にいい憲法で、平和憲法で、戦後、日本の繁栄《はんえい》をリードしてきました」と。「とっても素晴らしい憲法だと思います。ただ、国際情勢は変化していまして、やはり、多少の手直しをしていかないと、まずい時期がやってまいりました」というような感じで入ってくると、いちおう理解して、常識的なことを分かった上で言ってると思うけど、頭からスパンッと来られると、それは神のお声なのかもしらんけど、「私たちには聞こえてないんで」って、こう言われちゃう。

だから、強すぎるところをもうちょっと繊細《せんさい》に、マスコミに対しても一般《いっぱん》の人に対しても、上手に、人当たりをもうちょっとよくしていくようにされないと、難しいかなと。

まあ、教祖様は、演壇《えんだん》ではすごく強い意見を言って、演説をしておられると思うけど、人間として見たら、とても手触《てざわ》りの優《やさ》しい方です、見ててね。私なんかが見てても、そう感じます。全然、偉《えら》そうに言ってませんから。街を歩いても、普通《ふつう》の人のように、自然に溶《と》け込んでやっておられます。

だけど、あなたがたはすごく際立《きわだ》っています。それは目立とうとしているところもあります。その目立つのが、いいほうで目立てばいいです。ただ、いいほうではないほうで目立った場合には、「反感」になったり「反発」になったり、「壁」になる場合がある。

だから、弟子《でし》のほうが力めば力むほど、壁ができてるところもあって、幸福の科学の支持者であっても、実は、あなたがたに投票していない方がいっぱいいると思います。

それは、本当は、ある意味での「自信のなさ」でもあるんだと思うんです。自分たちに自信がないから、余計、強烈《きょうれつ》にインパクトを出そうとしてるんだけど、焦《あせ》りになって、逆に距離が出て浮《う》いてしまうところがあるんでね。もうちょっとね、優しくていいんです。もうちょっと普通でいいんですよ。ただ、大事なことだけは必ず盛り込むっていうかな、一発入れなきゃいけないことは入れなきゃいけないんで。

だから、ウイグルのことを言っていいと思いますよ。「ウイグルで弾圧《だんあつ》があるから、助けなきゃいけない」ってことを言ってもいいですよ。

ただ、これで冒頭《ぼうとう》からずーっと言って、あとは付け足しみたいに、「消費税上げを反対しましょう」って、こう言って終わりだったら、これ、票は入らない。これは「組み立て」だから、それは知っておいたほうがいいと思いますよ。

綾織　ありがとうございます。まさに、戦い方を教えてくださいました。

仙谷由人　そうそう。そのとおり。

七海　ありがとうございます。

仙谷由人　もし、天上界《てんじょうかい》に還《かえ》れるときがあったら、ちゃんとした〝軍師〟として、またね、応援できるときはしたいと思いますから。

「政権を取るまでの間に、しっかりと後継者《こうけいしゃ》の養成を」

綾織　非常にまっすぐで素直な方だということは分かりました。

仙谷由人　ありがとう。ありがとう。君は天使だ。ありがとう。ありがとう。

綾織　（笑）導きの方が来てくださって、しっかりとアドバイスを下さると思います。

仙谷由人　いや、来なかったら、君の守護霊《しゅごれい》を送ってくれ。

綾織　はい（笑）、頑張りたいと思います。

仙谷由人　うん。お願いしたい。

徳島県がますます栄えますように。日本が栄えますますように。世界が栄えますますように。

まあ、安倍《あべ》さんの時代もあるけども、十年やったって、それは最長になるかもしらんけども、交代はやがて来るからさ。（マレーシア首相の）マハティールさんみたいに九十代でやる方もいらっしゃるから、先は分かりませんので。

来年で（幸福実現党の立党から）十年かな？　それは節目《ふしめ》だと思うよ。

だから、みんな、マスコミも（幸福実現党が）解散するかどうかをずーっと見てるから、「まだやるんか」というところ、継戦《けいせん》能力を見せて、それも、ごく普通にどんどんと積み重ねて前進していくところをつくっていけたら、いずれ、そろそろ抵抗《ていこう》するのが面倒《めんどう》くさくなってきて、「まあ、いいことを言ってるから、入れちゃうか」みたいな感じになってくるときもあると思う。

だけど、今の入ってる得票数から見ると、まだかなり距離はあるので。

うーん、社民党あたりにまだ勝てないようでは、それは、言ってることがちょっと大砲《たいほう》の巨弾《きょだん》を撃《う》ってるっていうかな。あんまり〝大きな砲弾〟を撃ってるけど、社民党まで行ってないんじゃ、もっと小さな政策で、たぶん大丈夫でしょうね。たぶん、そのくらいのところでいけるはずなんで。

まあ、「憲法九条改正」は必要だろうから言ってもいいとは思うけど、よくよく言葉を考えて、安倍さんとの違《ちが》いを上手に出しながら言ったほうがいいよ。そこは、（安倍首相は）うまく言っていますよ。

やっぱり、上手に、「自衛権の強化」とかね、あるいは、「自然権としての抵抗権は、憲法でも否定されていません。それを明文化することは大事なことでしょうね」というような言い方はいいと思うんだけど、頭からスパーンと来られると、抵抗する人は……。

要するに、新聞記者でも書けないことなんで。

綾織　そうですね。

仙谷由人　社説だって分からんように書くじゃないか、うまいことね。足を引っ張られないように書くよね。みんな苦労してるんだからさ。まあ、そのへん、デリカシーはちょっと要《い》るかもね。

私、ちょっと弱気で言ったかもしれないから、君たちを弱めるようになったら、これ、また地獄の底へもっと堕《お》ちるからいけないけど。まあ、もうちょっとだけ、努力は要るかな。

綾織　はい。ありがとうございます。本当に、大事な知恵《ちえ》を頂きました。

仙谷由人　まあ、民主党は三代やって失敗したけど、君たちも頑張れよ。

なかなか政権は取れないけど、でも、それまで時間が与《あた》えられたと思って、その間に「準備」をもっとやるのと、やっぱり、「後継者の養成」をしっかりしなきゃ。君たちは最初の〝特攻隊《とっこうたい》〟だろうから、だんだん、ほんとに政治家向きの方を育てていくことが大事であろうと思うよ。

だから、そういう目も持ったほうがいいと思う。地ならしで、政党として政党要件を満たしてね、認められるところまでも行けば、とりあえずは〝特攻隊〟として使命を果たしたかもしれないから。あとの本格的に育った人たちが、ちゃんと政党を大きくしていけるような導きをしてないと、難しいんじゃないかな。

綾織　はい。ありがとうございます。

9　各党の支持者に言いたいこと

綾織　この二時間ほどの収録で、非常に〝軽《かろ》やか〟になられて、変わってこられたかと思います。

仙谷由人　そうね。ちょっと、そんな感じがするね。長かったな。まあ、ごめんなさいね、時間をずいぶん奪《うば》って。

綾織　いえいえ。とんでもないことでございます。ありがとうございます。

仙谷由人　私、ヒトラーじゃないからね。ヒトラーにならないからね。

綾織　そうですね。違《ちが》う感じがします。

仙谷由人　胡錦濤《こきんとう》はまだ死んでないかな？　知らないけど。まあ、（私は）そんなに偉《えら》くはないとは思うし、政界では五年もしたら、もう忘れ去られる人間だとは思うけど、何かいいことを一つぐらいはしたいなとは思ってるので。

綾織　ありがとうございます。

仙谷由人　やっぱり、一言《ひとこと》、〝おまけ〟が要《い》るね。〝おまけ〟が要るね。立憲民主党に投票しようとしている人は、迷わず幸福実現党に投票してください。立憲民主党に入れても、こんなの、何にも世の中は変わりませんので。

単に、「『憲法を守れ』と戦後に言ってた、その教えをそのままやります」と言ってるだけだから、政党として新しいものは何一つございません。

だから、立憲民主党に入れたい方は、幸福実現党にお入れください。

大阪《おおさか》維新《いしん》の会みたいなのは、もはや、これは存在を必要としてません。もう終わった維新です。

何の維新か。幸福の科学のほうが「維新」と言ってたのに、あっちがあとから「維新」を取って言っていた〝パクり屋〟です。もう使命は終わったと思います。大阪で失敗しました。だから、もう消えていい。

小池《こいけ》（百合子《ゆりこ》）さんの希望の党は、希望がなくなりました。〝失望の党〟に変わりましたから、もう入れる必要はありません。

はい。ここらに投票する方は、全員、幸福実現党に投票してください。

これで、天国へ行きたい。お願いしたい（会場笑）。

綾織　大丈夫《だいじょうぶ》なような気がします。ありがとうございます。

釈・七海　ありがとうございました。

10　「普段《ふだん》は聞けない微妙《びみょう》なところ」が聞けた今回の霊言《れいげん》

大川隆法　（手を二回叩《たた》く）じゃあ、ありがとうございました。
ご生前は、こちらの味方だったかどうかは分かりませんが、亡《な》くなってから九日ぐらいでも、だいぶ変わってきつつあることは確かなようですね。

綾織　はい。かなり変わってきていると思います。

大川隆法　まあ、そうであってほしいなとは思います。
でも、「普段《ふだん》は聞けない微妙《びみょう》なところ」が聞けた面もあったのではないでしょうか。意外な印象でした。

綾織　そうですね。政治家らしい方ですね。

大川隆法　意外な印象を受けました。幸福実現党に対して、「強すぎる」とか、「はっきり言いすぎるところが、意外に怖《こわ》がられている」とか、「応援《おうえん》しにくくなっている」と言われたところもあるので。

確かに、こちらが思っているよりも強いのかもしれません。

綾織　はい。

大川隆法　安倍《あべ》首相がウイグルの味方をしたら、中国から条件改定をされて悪くなったり、すぐに観光客を減らされたりしますからね。おそらく、そんなことが怖くて、なかなか言えないのでしょう。

当会は平気で言いますからね。蚊《か》のようなものだと思われているのかもしれないけれども、意外に、馬を刺《さ》すような蚊もありますからね。そういうところもあるのかもしれません。

ただ、やはり、歯切れがいいほうが分かりやすいとは思うので、〝パクられ〟続けたとしても、頑張《がんば》って意見を広めましょう。

綾織　はい。頑張ります。繊細《せんさい》な言い方も学びながら、やっていきたいと思います。

大川隆法　（笑）まあ、しかたがないですよね。多少は焦《あせ》りますからね。ただ、勉強にはなりました。

はい。ありがとうございました（手を二回叩《たた》く）。

質問者一同　ありがとうございました。

あとがき

令和初の国賓《こくひん》として、米国トランプ大統領が来日し、今日、帰国の途《と》につかれる時に、このあとがきが書かれている。

十年前、日本の旧民主党が天下を取った時とは様《さま》がわりである。霊となった仙谷氏も複雑な気持であろう。

しかし、本書は、政治家として正しい信仰心を持つことが正しい政治的立場にもつながることを明らかにしている。

言論の自由といっても、正しいか、正しくないかの判定はあるのだ。戦後左翼にもある種の「優《やさ》しさ」はあったろうし、お題目《だいもく》としての「憲法九条信仰」にも、平和を愛する心はあっただろう。しかし、その結果が、北朝鮮などの凶暴化や、中国の野心に火をつけることになったなら、反省は必要だろう。この国が正しい方向に進むことを祈っている。

二〇一九年（令和元年）五月二十八日

幸福《こうふく》の科学《かがく》グループ創始者兼総裁《そうししゃけんそうさい》　大川隆法《おおかわりゅうほう》

『旧民主党政権の「陰の総理」仙谷由人の霊言』関連書籍

『Love for the Future』（大川隆法 著　幸福の科学出版刊）
『幸福実現党宣言』（同右）
『夢は尽きない』（大川隆法・釈量子 共著　同右）
『君たちの民主主義は間違っていないか。』（同右）
『国家社会主義とは何か――公開霊言　ヒトラー・菅直人守護霊・胡錦濤守護霊・仙谷由人守護霊――』（大川隆法 著　幸福の科学出版刊）
『習近平守護霊　ウイグル弾圧を語る』（同右）
『日米安保クライシス――丸山眞男 vs. 岸信介――』（同右）
『カミソリ後藤田、日本の危機管理を叱る』（大川隆法 著　幸福実現党刊）

旧民主党政権《きゅうみんしゅとうせいけん》の「陰《かげ》の総理《そうり》」仙谷由人《せんごくよしと》の霊言《れいげん》

2019年5月29日　初版第1刷

著　者　　大《おお》川《かわ》隆《りゅう》法《ほう》

発行所　　幸福の科学出版株式会社

〒107-0052 東京都港区赤坂2丁目10番14号
TEL(03)5573-7700
https://www.irhpress.co.jp/

印刷・製本　株式会社 研文社

落丁・乱丁本はおとりかえいたします

ISBN978-4-8233-0083-7 C0030

カバー，帯 KPG_Payless/shutterstock.com ／帯，p.26 時事
装丁・写真（上記・パブリックドメインを除く）© 幸福の科学

大川隆法ベストセラーズ・霊的世界の真実

新しい霊界入門

人は死んだらどんな体験をする？

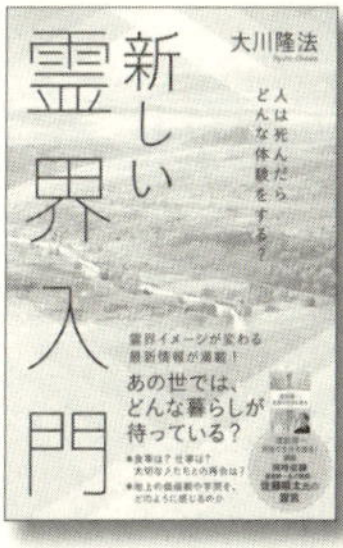

あの世の生活って、どんなもの？ すべての人に知ってほしい、最先端の霊界情報が満載の一書。渡部昇一氏の恩師・佐藤順太氏の霊言を同時収録。

1,500円

あなたの知らない地獄の話。

天国に還るために今からできること

無頼漢、土中、擂鉢《すりばち》、畜生、焦熱、阿修羅、色情、餓鬼、悪魔界――、現代社会に合わせて変化している地獄の最新事情とその脱出法を解説した必読の一書。

1,500円

真のエクソシスト

身体が重い、抑うつ、悪夢、金縛り、幻聴――。それは悪霊による「憑依」かもしれない。フィクションを超えた最先端のエクソシスト論、ついに公開。

1,600円

あなたは死んだらどうなるか？

あの世への旅立ちとほんとうの終活

「老い」「病気」「死後の旅立ち」――。地獄に行かないために、生前から実践すべき「天国に還るための方法」とは。知っておきたいあの世の真実。

1,500円

幸福の科学出版

大川隆法 ベストセラーズ・アジアの平和と国防

愛は憎しみを超えて

中国を民主化させる日本と台湾の使命

中国に台湾の民主主義を広げよ──。この「中台問題」の正論が、第三次世界大戦の勃発をくい止める。台湾と名古屋での講演を収録した著者渾身の一冊。

1,500 円

Love for the Future

未来への愛

英語説法
英日対訳

過去の呪縛からドイツを解き放ち、中国の野望と第三次世界大戦を阻止するために──。ドイツ・ベルリンで開催された講演を、英日対訳で書籍化！

1,500 円

真の平和に向けて

沖縄の未来と日本の国家戦略

著者自らが辺野古を視察し、基地移設反対派の問題点を指摘。戦後 70 年、先の大戦を総決算し、「二度目の冷戦」から国を護る決意と鎮魂の一書。

1,500 円

日米安保クライシス

丸山眞男 vs. 岸信介

「60 年安保」を闘った、左翼系政治学者・丸山眞男と元首相・岸信介による霊言対決。二人の死後の行方に審判がくだる。

1,200 円

世界から
希望が
消えたなら。
製作総指揮・原案／大川隆法
竹内久顕　千眼美子　さとう珠緒　芦川よしみ　石橋保　木下渓
監督／赤羽博　音楽／水澤有一　脚本／大川咲也加　製作／幸福の科学出版　製作協力／ARI Production　ニュースター・プロダクション
制作プロダクション／ジャンゴフィルム　配給／日活　配給協力／東京テアトル　©2019 IRH Press
10.18 ROADSHOW

幸福の科学グループのご案内

宗教、教育、政治、出版などの活動を通じて、地球的ユートピアの実現を目指しています。

幸福の科学

一九八六年に立宗。信仰の対象は、地球系霊団の最高大霊、主エル・カンターレ。世界百カ国以上の国々に信者を持ち、全人類救済という尊い使命のもと、信者は、「愛」と「悟り」と「ユートピア建設」の教えの実践、伝道に励んでいます。

（二〇一九年五月現在）

愛

幸福の科学の「愛」とは、与える愛です。これは、仏教の慈悲《じひ》や布施《ふせ》の精神と同じことです。信者は、仏法真理をお伝えすることを通して、多くの方に幸福な人生を送っていただくための活動に励んでいます。

悟り

「悟り」とは、自らが仏の子であることを知るということです。教学《きょうがく》や精神統一によって心を磨き、智慧《ちえ》を得て悩みを解決すると共に、天使・菩薩《ぼさつ》の境地を目指し、より多くの人を救える力を身につけていきます。

ユートピア建設

私たち人間は、地上に理想世界を建設するという尊い使命を持って生まれてきています。社会の悪を押しとどめ、善を推し進めるために、信者はさまざまな活動に積極的に参加しています。

国内外の世界で貧困や災害、心の病で苦しんでいる人々に対しては、現地メンバーや支援団体と連携して、物心両面にわたり、あらゆる手段で手を差し伸べています。

年間約２万人の自殺者を減らすため、全国各地で街頭キャンペーンを展開しています。

公式サイト **www.withyou-hs.net**

ヘレン・ケラーを理想として活動する、ハンディキャップを持つ方とボランティアの会です。視聴覚障害者、肢体不自由な方々に仏法真理を学んでいただくための、さまざまなサポートをしています。

公式サイト **www.helen-hs.net**

入会のご案内

幸福の科学では、大川隆法総裁が説く仏法真理《ぶっぽうしんり》をもとに、「どうすれば幸福になれるのか、また、他の人を幸福にできるのか」を学び、実践しています。

入会

仏法真理を学んでみたい方へ

大川隆法総裁の教えを信じ、学ぼうとする方なら、どなたでも入会できます。入会された方には、『入会版「正心法語《しょうしんほうご》」』が授与されます。

ネット入会 入会ご希望の方はネットからも入会できます。
happy-science.jp/joinus

三帰《さんき》誓願《せいがん》

信仰をさらに深めたい方へ

仏弟子としてさらに信仰を深めたい方は、仏《ぶっ》・法《ぽう》・僧《そう》の三宝《さんぽう》への帰依を誓う「三帰誓願式」を受けることができます。三帰誓願者には、『仏説・正心法語』『祈願文《きがんもん》①』『祈願文②』『エル・カンターレへの祈り』が授与されます。

幸福の科学 サービスセンター
TEL 03-5793-1727
受付時間／
火～金：10～20時
土・日祝：10～18時
（月曜を除く）

幸福の科学 公式サイト
happy-science.jp

ハッピー・サイエンス・ユニバーシティ

Happy Science University

ハッピー・サイエンス・ユニバーシティとは

ハッピー・サイエンス・ユニバーシティ（HSU）は、大川隆法総裁が設立された
「現代の松下村塾」であり、「日本発の本格私学」です。
建学の精神として「幸福の探究と新文明の創造」を掲げ、
チャレンジ精神にあふれ、新時代を切り拓く人材の輩出を目指します。

人間幸福学部　経営成功学部　未来産業学部

HSU長生キャンパス TEL **0475-32-7770**
〒299-4325　千葉県長生郡長生村一松丙 4427-1

未来創造学部

HSU未来創造・東京キャンパス
TEL **03-3699-7707**
〒136-0076　東京都江東区南砂2-6-5　公式サイト **happy-science.university**

学校法人 幸福の科学学園

学校法人 幸福の科学学園は、幸福の科学の教育理念のもとにつくられた教育機関です。人間にとって最も大切な宗教教育の導入を通じて精神性を高めながら、ユートピア建設に貢献する人材輩出を目指しています。

幸福の科学学園
中学校・高等学校（那須本校）
2010年4月開校・栃木県那須郡（男女共学・全寮制）
TEL **0287-75-7777** 公式サイト **happy-science.ac.jp**

関西中学校・高等学校（関西校）
2013年4月開校・滋賀県大津市（男女共学・寮及び通学）
TEL **077-573-7774** 公式サイト **kansai.happy-science.ac.jp**

仏法真理塾「サクセスNo.1」

全国に本校・拠点・支部校を展開する、幸福の科学による信仰教育の機関です。小学生・中学生・高校生を対象に、信仰教育・徳育にウエイトを置きつつ、将来、社会人として活躍するための学力養成にも力を注いでいます。

TEL **03-5750-0747**（東京本校）

エンゼルプランV　TEL **03-5750-0757**

幼少時からの心の教育を大切にして、信仰をベースにした幼児教育を行っています。

不登校児支援スクール「ネバー・マインド」　TEL **03-5750-1741**

心の面からのアプローチを重視して、不登校の子供たちを支援しています。

ユー・アー・エンゼル！（あなたは天使！）運動

一般社団法人 ユー・アー・エンゼル　TEL **03-6426-7797**

障害児の不安や悩みに取り組み、ご両親を励まし、勇気づける、
障害児支援のボランティア運動を展開しています。

NPO活動支援

いじめから子供を守ろうネットワーク

学校からのいじめ追放を目指し、さまざまな社会提言をしています。また、各地でのシンポジウムや学校への啓発ポスター掲示等に取り組む一般財団法人「いじめから子供を守ろうネットワーク」を支援しています。

公式サイト **mamoro.org**　ブログ **blog.mamoro.org**

相談窓口 **TEL.03-5544-8989**

百歳まで生きる会

「百歳まで生きる会」は、生涯現役人生を掲げ、友達づくり、生きがいづくりをめざしている幸福の科学のシニア信者の集まりです。

シニア・プラン21

生涯反省で人生を再生・新生し、希望に満ちた生涯現役人生を生きる仏法真理道場です。定期的に開催される研修には、年齢を問わず、多くの方が参加しています。全国180カ所、海外12カ所で開校中。

【東京校】TEL **03-6384-0778**　FAX **03-6384-0779**

メール **senior-plan@kofuku-no-kagaku.or.jp**

幸福実現党

幸福実現党 釈量子サイト **shaku-ryoko.net**
Twitter **釈量子@shakuryokoで検索**

内憂外患《ないゆうがいかん》の国難に立ち向かうべく、2009年5月に幸福実現党を立党しました。創立者である大川隆法党総裁の精神的指導のもと、宗教だけでは解決できない問題に取り組み、幸福を具体化するための力になっています。

党の機関紙
「幸福実現NEWS」

幸福実現党 党員募集中

あなたも幸福を実現する政治に参画しませんか。

○幸福実現党の理念と綱領、政策に賛同する18歳以上の方なら、どなたでも参加いただけます。
○党費:正党員（年額5千円［学生 年額2千円］）、特別党員（年額10万円以上）、家族党員（年額2千円）
○党員資格は党費を入金された日から1年間です。
○正党員、特別党員の皆様には機関紙「幸福実現NEWS（党員版）」（不定期発行）が送付されます。

＊申込書は、下記、幸福実現党公式サイトでダウンロードできます。
住所:〒107-0052 東京都港区赤坂2-10-8 6階 幸福実現党本部
TEL **03-6441-0754** FAX **03-6441-0764**
公式サイト **hr-party.jp**

幸福の科学出版

大川隆法総裁の仏法真理の書を中心に、ビジネス、自己啓発、小説など、さまざまなジャンルの書籍・雑誌を出版しています。他にも、映画事業、文学・学術発展のための振興事業、テレビ・ラジオ番組の提供など、幸福の科学文化を広げる事業を行っています。

アー・ユー・ハッピー？
are-you-happy.com

ザ・リバティ
the-liberty.com

幸福の科学出版
TEL **03-5573-7700**
公式サイト **irhpress.co.jp**

THE FACT

ザ・ファクト
マスコミが報道しない「事実」を世界に伝えるネット・オピニオン番組

ザ・ファクト 検索

NEW STAR PRODUCTION

ニュースター・プロダクション

「新時代の美」を創造する芸能プロダクションです。多くの方々に良き感化を与えられるような魅力あふれるタレントを世に送り出すべく、日々、活動しています。 公式サイト **newstarpro.co.jp**

ARI Production

ARI《アリ》 Production《プロダクション》

タレント一人ひとりの個性や魅力を引き出し、「新時代を創造するエンターテインメント」をコンセプトに、世の中に精神的価値のある作品を提供していく芸能プロダクションです。 公式サイト **aripro.co.jp**

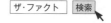

大川隆法　講演会のご案内

大川隆法総裁の講演会が全国各地で開催されています。講演のなかでは、毎回、「世界教師」としての立場から、幸福な人生を生きるための心の教えをはじめ、世界各地で起きている宗教対立、紛争、国際政治や経済といった時事問題に対する指針など、日本と世界がさらなる繁栄の未来を実現するための道筋が示されています。

2019年5月14日 幕張メッセ「自由・民主・信仰の世界」

2019年3月3日 グランド ハイアット 台北（台湾）「愛は憎しみを超えて」

2017年8月2日 東京ドーム「人類の選択」

2018年10月7日 ザ・リッツカールトン ベルリン（ドイツ）「Love for the Future」

2019年1月26日 広島県立文化芸術ホール「未来への希望」